eehorn

Als Luftkurort war Davos schon seit Mitte des 19. Jahrhunderts en vogue, die Patienten pilgerten aus aller Welt ins »Mekka der Schwindsüchtigen«, darunter zahlreiche Künstler und Literaten. Die mondän-morbide Atmosphäre der selbsternannten »Sonnenstadt im Hochgebirge« inspirierte nicht nur Thomas Mann, der ihr in seinem Roman *Der Zauberberg* ein literarisches Denkmal setzte. Der Dichter Klabund verfasste in Davos Gedichte und seine skurrile Erzählung *Die Krankheit*, sein Pariser Kollege Paul Éluard traf hier seine Muse und große Liebe Gala, später Gala Dalí. Und der seit 1917 in Davos ansässige ›Brücke‹-Maler Ernst Ludwig Kirchner verewigte den Ort auf zahlreichen Gemälden. René Crevel schließlich legte in Briefen an seine Freundin Mopsa Sternheim Zeugnis von seiner Kur ab und publizierte 1929 den Davos-Roman *Seid ihr verrückt?* Hier schließt sich der Kreis: Klaus Mann reiste zum ›Zauberberg‹ seines Vaters, um den geliebten René zu besuchen ...

Unda Hörner studierte Germanistik und Romanistik in Paris und Berlin, promovierte über die Schriftstellerin Elsa Triolet und lebt als freie Autorin, Herausgeberin, Journalistin und Übersetzerin in Berlin. Bei ebersbach & simon zuletzt erschienen: *Nancy Cunard*, *1919 – Das Jahr der Frauen*, *1929 – Frauen im Jahr Babylon* sowie die Romane *Kafka und Felice* und *Gala Dalí*.

Unda Hörner

Der Zauberberg ruft!
Die Bohème in Davos

ebersbach & simon

Inhalt

Das Davos der Literaten

»Der Weg zu Kraft und Gesundheit führt über Davos«, so warb ein Plakat des örtlichen Verkehrsvereins aus dem Jahr 1929. An diese Reklame wollten vor allem Generationen von Lungenkranken gern glauben, die in den Hochgebirgsort in den Schweizer Alpen im Kanton Graubünden pilgerten. Davos, vom dort lebenden ›Brücke‹-Maler Ernst Ludwig Kirchner auf vielen Gemälden verewigt, Markenname robuster Holzschlitten, beliebter Ski- und Wintersportort, heutzutage jährlicher Treffpunkt der Hochfinanz beim Weltwirtschaftsforum, ist durch Thomas Manns Opus magnum *Der Zauberberg* auch zu einem prominenten Schauplatz der Weltliteratur geworden – und nicht nur durch diesen Roman.

»Davos, das neue Mekka der Schwindsüchtigen«, so lautete 1874 der Slogan, der Tuberkulosekranke nach Graubünden locken sollte. Der wachsende Ansturm der Kurgäste bereits im 19. Jahrhundert führte dazu, dass das eben noch so verschlafene Bergdorf binnen Kurzem mit den neuesten Errungenschaften des Fortschritts ausgestattet wurde: 1870 wurde hier die erste Dampfzentralheizung installiert, mehrere große Kaufläden öffneten für die internationalen Gäste, die Straßen wurden befestigt und mit Beleuchtung versehen, eine Kanalisation angelegt. Rasch entstanden schmucke Villen rund ums neu errichtete Kurhaus, es gab ein Theater, Restaurants und für kultivierte Zusammentreffen ein ›Konversationshaus‹. Um die Jahrhundertwende registrierte man rund 600.000 Übernachtungen pro Jahr; Davos war in Windeseile zu einem Kurort von internationalem Rang avanciert. Die selbst ernannte »Sonnenstadt im Hochgebirge« wollte sich ein explizit modernes Image geben und in ihrer Werbung davon ablenken, dass die Tuberkulose, auch als Schwindsucht oder Phthisis bekannt, lange als Todesurteil galt; nicht zuletzt deswegen nannte man sie auch ›die weiße Pest‹. Über die Ursachen wurde lange gerätselt und viel spekuliert, sogar über ein ungeregeltes Triebleben als Auslöser der Krankheit. Entsprechend ungenau wurden ärztliche Diagnosen gestellt.

Da es keinen Impfstoff oder ein wirksames

Medikament gegen die Tuberkulose gab, blieb als probatestes Mittel die Heilkraft der Natur. Die Luftkurorte mit ihren Lungensanatorien wurden bereist wie säkulare Wallfahrtsorte. Nicht der religiöse Glaube an die Wunderwirkung einer Quelle oder die Berührung einer Marienstatue setzte die Kranken und Erholungsbedürftigen in Bewegung, sondern die Hoffnung auf Linderung durch Licht, Luft und Sonne. Von Ärzten und Reformbewegten empfohlen wurde das Reizklima in bergiger Höhe, Spaziergänge und Liegekuren sollten die Abwehrkräfte stärken. Die Kranken, auf Chaiselongues ausgestreckt, eingemummelt in Decken aus Wolle und Lamahaar, die Füße in schweren Pelzsäcken, inhalierten die saubere Bergluft auf Rezept. »Von Überkleidern ist ein Winterüberzieher resp. Wintermantel und außerdem ein wattierter Mantel oder Pelzrock für die Freiluftliegekur nötig, ein leichter Überzieher ist zum Gehen zweckmäßig. So genannte Capes sind für Herren und Damen zum Gehen brauchbar, für die Liegekur müssen die Überkleider aber Ärmel haben. [...] Zwei Decken aus Wolle oder Plüsch kommen auch im Sommer bei der Freiluftkur zur Verwendung, im Winter daneben der bis über die Knie reichende Pelzfußsack,

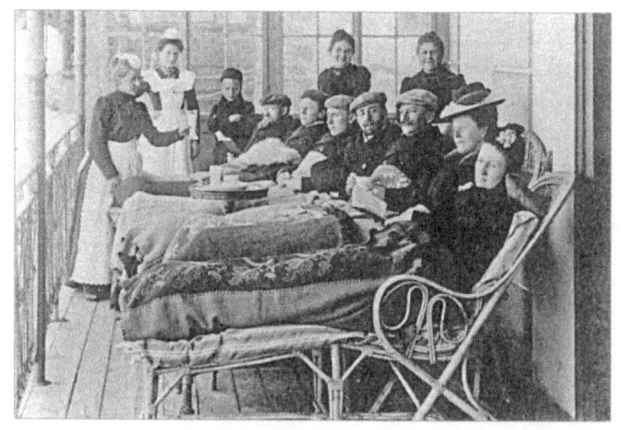

»Zwei Decken aus Wolle oder Plüsch kommen auch im
Sommer bei der Freiluftkur zur Verwendung ...«
Liegekur in einem Davoser Sanatorium

der an Zweckmäßigkeit noch von der Pelzdecke übertroffen wird.« So lautete die Anleitung in der Klinik von Dr. Karl Turban. Medizinisch relevantes Liegen – eine Wissenschaft für sich.

Der Davoser Arzt Alexander Spengler, der 1868 das erste Kurhaus im Ort eröffnet hatte, fand heraus, dass der auf dem flachen Land und vor allem in den großen Städten auftretende gefährliche Tuberkelbazillus in den Höhenlagen der Schweizer Gebirgsorte überhaupt nicht nachzuweisen war. Luftveränderung, die angepriesenen Trink- und Liegekuren bei jeder Wetterlage konnten niemandem schaden, sodass die Krankheit und ihre Bekämpfung in einem nicht restlos definierten Raum bleiben konnten, der für den Patienten jedenfalls einen Ortswechsel im positiven Sinne bedeutete. Spenglers frühe Versuche, die Lungenkranken durch Verabreichung von rotem Veltliner oder Liegekuren in der ammoniakhaltigen Luft eines Kuhstalls zu heilen, schadeten zwar denen nichts, die nicht ernsthaft krank waren, sie blieben jedoch auch ohne Heileffekt bei Patienten in wirklich kritischem Zustand. Später setzten Ärzte auf die ›Pneumothorax‹-Methode, ein so drastischer wie zweifelhafter operativer Eingriff, bei dem der betroffene Teil der Lunge zur Schonung stillgelegt wurde. Erst 1882 kam Robert Koch dem Tuberkelbazillus auf die Spur, und um die Jahrhundertwende hatte man schließlich auch die bahnbrechende Möglichkeit, die Krankheit durch Röntgenbilder besser lokalisieren und somit präziser diagnostizieren zu können, worunter der Patient wirklich litt. Für seine Entdeckung des *Mycobacterium tuberculosis* erhielt Robert Koch 1905 den Nobelpreis. Eine wirksame Arznei war da noch lange nicht in Sicht.

Die Infektionsgefahr bei Tuberkulose bedingte die Absonderung der Kranken in geschlossenen Häusern, die mit windgeschützten, der Sonne zugewandten Balkons optimale Voraussetzungen für Freiluft-Liegekur und Heliotherapie boten. Die Heilstätte von Dr. Turban wurde 1889 als erstes geschlossenes Sanatorium seiner Art in Davos eröffnet. Hoch über dem Ort gelegen, wurde das Sanatorium Schatzalp als eine der ersten Eisenbetonkonstruktionen zum Prototyp der neuen fortschrittlichen Heilstättenarchitektur. Die sich über Wochen und Monate, manchmal sogar über Jahre hinziehende Kur ließ sich am besten aushalten, wenn in den Häusern für allen Komfort gesorgt war. Es gab auch schlichte Unterkünfte, doch vor allem luxuriös ausgestattete Sanatorien mit dem Service eines Nobelhotels und feinster Küche – im *Zauberberg* ist von sechsgängigen Menüs mit Champagner die Rede. Die Lungensanatorien waren moderne Wellness-Oasen ihrer Zeit. Einen Aufenthalt, erst recht einen ausgedehnten, musste man sich allerdings auch leisten können. Die Kurgäste stammten zumeist aus bourgeoisen, wohlhabenden Verhältnissen, daneben gab es zudem besonders viele französische und russische Adlige. Das herrschende Bild von Exotik und Distinguiertheit des Fremden ergab sich vor allem aus diesem Typus des reichen, reisenden Ausländers. »Es handelt oder handelte sich bei diesen Instituten um eine typische Erscheinung der Vorkriegszeit, nur denkbar bei einer noch intakten kapitalistischen Wirtschaftsform. Nur unter jenen Verhältnissen war es möglich, dass die Patienten auf Kosten ihrer Familien Jahre lang oder auch ad infinitum dies Leben führen konnten«, erläutert Thomas Mann im Vorwort zum *Zauberberg*. Die Lungensanatorien hoch in den Bergen waren Hort eines bürgerlichen Eskapismus. Zuweilen war Tuberkulose auch nur ein anderer Name für den labilen Zustand vor allem bei Frauen, dessen tiefere Ursache das

Leiden an trostlosen Verhältnissen war. »Die Schwindsucht ist überhaupt keine Krankheit. Sie ist ein Zustand des Leibes und der Seele«, heißt es in der Erzählung *Die Krankheit* von Klabund. Die weite Reise bis in die Schweizer Berge war für manch eine Patientin eine annehmbare Strapaze, da der Weg hinaus aus der Langeweile ins Abenteuerliche, ins Freie führte, ins unbekannte Ausland. Jene Tuberkulosekranken allerdings, Männer wie Frauen, die etwa in feuchten und dunklen Berliner Hinterhauswohnungen litten, wo die Krankheit unter mangelhaften hygienischen Verhältnissen blühte, spielten für den lukrativen Kurtourismus keine Rolle; arme Leute blieben ausgespart in diesem Davoser Gesellschaftspanorama.

In den Lungensanatorien der Schweizer Kurorte waren vom Hypochonder bis zum Todkranken Patienten mit den unterschiedlichsten Krankheitsbildern anzutreffen. Die einen suchten Ablenkung von der alltäglichen Langeweile, die anderen von der Todesangst. Das Unterhaltungsprogramm in den Lungensanatorien war legendär. »Es wurde getanzt, gelacht, gesungen, gehustet und auf den Korridoren geküsst«, so beschreibt der lungenkranke

Dichter Klabund die Stimmung in den Sanatorien. Der Müßiggang während eines Sana-
toriumsaufenthaltes, der Leerlauf zwischen
zwei Arztterminen und den Liegekuren, war
nicht gut fürs Gemüt. In frühen medizinischen Fachbüchern ist der Zusammenhang
von Tuberkulose und Depressionen durchaus ein Thema. Fachleute erwägen die »seelen-
ärztliche Behandlung« von Patienten, deren
Lebenskräfte während eines Kuraufenthalts
brachliegen. Bewährtes Gegenmittel waren die
Abendprogramme, die – Lachen ist die beste Medizin – zur Erheiterung und schnelle-
ren Genesung der Patienten dienen sollten. Es
gab Schlittenpartien, Tanzveranstaltungen und
Spieleabende. Geboten wurden auch Vorträge,
Lesungen und, besonders beliebt, Maskenbälle.
In der Sanatoriumsbibliothek des *Zauberberg*
findet man auch reichlich Lektüre zur »Ver-
nichtung der Zeit«, darunter ein häufig aus-
geliehenes Heft mit dem Titel »Die Kunst zu
verführen«.

Auch für gehobenen intellektuellen Zeit-
vertreib gab es ein Publikum. Der Arzt des
Waldsanatoriums, Dr. Jessen, Vorbild für den
Hofrat Behrens im *Zauberberg*, rief 1928 die
Davoser Hochschulkurse ins Leben. Koryphäen

der Wissenschaft und Philosophie wie Albert Einstein und Ferdinand Sauerbruch, Paul Tillich und Martin Heidegger wurden zu Vorträgen nach Davos geladen, bei denen das Kurpublikum die Reihen dicht besetzte. Die höhere Idee, die dahinter stand, war der Aufbau eines internationalen Wissenschaftsstandorts in schönster Kulisse, vor allem ging es um die Wiederanknüpfung von geistigen Kontakten zwischen Frankreich und Deutschland.

Erst in den Fünfzigerjahren des 20. Jahrhunderts konnte der Geißel Tuberkulose der Garaus gemacht werden, und für die florierenden Kurorte wendete sich jäh das Blatt. Nicht nur die allgemeinen Hygienebedingungen waren besser geworden. Mit der Entdeckung von hochwirksamen Antibiotika und der Entwicklung spezieller Medikamente gegen Tuberkulosekrankheiten, etwa dem Streptomycin, wurden herkömmliche, auf einer langen Kur basierende Therapien überflüssig. Bald waren Reihenimpfungen gegen Tbc möglich. Damit hatte auch für die zwei Dutzend Sanatorien, die es 1950 in Davos noch gab, das letzte Stündlein geschlagen. Tuberkulosetouristen blieben schlagartig aus. Nun galt es, das Image des Ortes schleunigst zu verändern, wollte man sich nicht wieder zum verschlafenen Dorf im stillen Bergwinkel zurückentwickeln. Die Metamorphose von Sanatorien in moderne Wintersporthotels begann, und man machte sich daran, die ehemaligen Lungensanatorien gründlich zu schleifen. Jugendstil-Paläste erhielten nüchterne, ausdruckslose Gesichter, entsprechend dem Zeitgeschmack. Auch das Interieur der alten Sanatorien wurde ausgetauscht, alles, was an Thanatos erinnerte, musste restlos verschwinden. Mobiliar, das Krankenhausatmosphäre verbreitete, wurde herausgerissen, etwa Waschbecken auf den Hotelgängen oder große Uhren, die die Patienten auf ihren Wegen durchs Haus jederzeit ans pünktliche Erscheinen beim Arzt erinnern sollten. Viel wertvolles Interieur wurde unwiederbringlich vernichtet, aber der Modernisierungsplan ging auf: Davos verwandelte sich im Laufe weniger Jahre in einen eleganten Wintersportort mit ausgewiesenen Skigebieten.

Würde man sich überhaupt noch an ein düsteres Kapitel Krankheitsgeschichte erinnern wollen, läse es sich nicht auch als ein Kapitel Sozialgeschichte, als Gesellschaftsstudie und zuweilen als Liebesroman? Das Sanatorium bot

Das Valbella in Davos diente Thomas Mann als
Vorbild für das Sanatorium im *Zauberberg*.

eine Kulisse, tägliches Sehen und Gesehenwerden verlangten nach Selbstdarstellung, Selbstinszenierung. Bei den Mahlzeiten im Speisesaal, den vielen Stunden des Nichtstuns im Liegestuhl konnte man seine Leidensgenossen genau unter die Lupe nehmen. Wie Passagiere an Deck eines Ozeanriesen begegneten sich die Gäste auf den Sonnenterrassen regelmäßig immer wieder, wie leicht kam man da ins Gespräch. Die Krankheit war natürlich Thema Nummer eins, deswegen war man ja hier, Blätter mit aktuellen Befunden wurden aus den Jackentaschen gezogen und abgeglichen wie Lottoscheine, ein Leben im Auf und Ab der Fieberkurve. In der abgeschlossenen Welt des Sanatoriums, so beobachtete Thomas Mann es, interessierte nicht mehr, was unten im Tal geschah, es ging um Höheres, um geradezu ontologische Kategorien, um das Leben und Sterben, die unmittelbare Gegenwart und die Vergänglichkeit des Seins. Oder, wie Susan Sontag es ausdrückt: »Tb ist eine Krankheit der Zeit; sie beschleunigt das Leben, erfüllt es mit Höhepunkten, vergeistigt es.« In einem solchen Klima gediehen die Geschichten. Das körperlose Geräusch eines Hustens hinter der Wand regte bereits die Fantasie und die Inspiration an. Mascha Kaléko dichtete ihren *Gruß aus Davos*:

»Es hustet einer so wie du
Im Zimmer nebenan.
Ich sah ihn heut am Frühstückstisch,
Den fremden kranken Mann.

Das Personal stand wie ein Heer
Vor seinen Wünschen wacht,
Und jeder seiner Blicke schien
Zu kommandieren: Habt acht!

Er aß und trank, er aß und las
Sein vaterländisch Blatt.
Und in der Küche heißt man ihn
Den Herrn von Nimmersatt.

Mit diesem Individuum
Wohn ich nun Tür an Tür.
– Und hustet es von nebenan,
So sehn ich mich nach dir ...«

Nicht nur *Der Zauberberg* ruft, aber er bleibt
gewissermaßen das mächtige Zentralmassiv
in der Landschaft literarischer Höhepunkte,
die aus der Inspiration Davos hervorgegangen
sind. Nicht nur Thomas Mann, auch andere
Schriftsteller des 20. Jahrhunderts haben sich
vom Genius loci des Luftkurortes inspirieren

lassen. Die dichterische Laufbahn des französischen Poeten Paul Éluard nimmt hier in Davos mit einer bahnbrechenden Begegnung ihren Anfang. Im Sanatorium von Clavadel trifft er auf Gala, die seine Frau wird und ihn später für den Maler Salvador Dalí verlässt. Wie ein roter Faden zieht sich Davos auch durch das Werk von Alfred Henschke alias Klabund, der hier während zahlreicher Aufenthalte eine zweite Heimat fand. Der französische Surrealist René Crevel führt seinen Helden im Roman *Êtes-vous fous? – Seid ihr verrückt?* nach Davos, in ein Wolkenkratzersanatorium. Die Wege der Dichter und Schriftsteller kreuzen sich in Davos, das sein Gesicht seit jener Zeit verändert hat, aber als Kurort und Begegnungsstätte in ihren Werken für die Nachwelt unsterblich bleibt.

»Der Hofrat spricht vom Sanatorium doch manchmal
wie von einem Lustschlösschen.«
Katia und Thomas Mann, ca. 1920

Wenn der Zauberberg ruft
Thomas Manns Besuch bei Katia Mann und die Folgen

»Hier ist Einfried, das Sanatorium! Weiß und geradlinig liegt es mit seinem lang gestreckten Hauptgebäude und seinem Seitenflügel inmitten des weiten Gartens, der mit Grotten, Laubengängen und kleinen Pavillons aus Baumrinde ergötzlich ausgestattet ist, und hinter seinen Schieferdächern ragen tannengrün, massig und weich zerklüftet die Berge himmelan.«

Halt! Dies ist nicht *Der Zauberberg*, auf den Thomas Mann hier einlädt. Dem Sanatorium Einfried des Doktor Leander galt nur eine literarische Stippvisite des Schriftstellers in seiner Erzählung *Tristan*, die er bereits 1901 verfasst hatte. Diese Erzählung bietet einen schönen Vorgeschmack auf das, was sich mit Thomas Manns Roman *Der Zauberberg* zu einem langen Epos über die untergegangene Welt Europas vor dem Ersten Weltkrieg ausweiten sollte, vom Erzähler wie unter einem Brennglas eingefangen in der abgeschlossenen Atmosphäre eines Davoser Sanatoriums.

Katia Mann erinnert sich: »1912 bekam ich eine kleine Lungenaffektion. Es war ein Lungenspitzenkatarrh, eine verschleppte, geschlossene Tuberkulose, aber ich musste verschiedene Male zum Kuraufenthalt ins Hochgebirge. Man schickte mich zuerst auf ein halbes Jahr, von März bis September 1912, ins Waldsanatorium nach Davos, im nächsten Jahr auf eine Reihe von Monaten nach Meran und Arosa, und zuletzt, das war aber nach dem Krieg, nochmals sechs Wochen nach Clavadel bei Davos.« Kein schwerer Fall also. »Es bestand keine Lebensgefahr, und möglicherweise wäre die Geschichte, wären wir nicht zu Sanatoriumsaufenthalten in der Lage gewesen, von selbst wieder gut geworden, was weiß man. Es war Sitte, wenn man die Mittel dazu hatte, wurde man nach Davos oder Arosa geschickt.« Hedwig Pringsheim begleitete ihre Tochter im März 1912 nach Davos. Katias Lungenkrankheit wäre sicher auch daheim in München zu behandeln gewesen oder in der guten Landluft von Bad Tölz, wo die Manns ein Haus besaßen, aber die Diagnose des Arztes bot eine willkommene Gelegenheit, sich vielleicht

Katia Mann mit Baby Golo und Thomas Mann
mit Erika und Klaus sowie Hund Motz vor
ihrem Landhaus in Bad Tölz.

einmal nur um sich selbst zu kümmern, statt den anspruchsvollen Gatten und die wachsende Kinderschar mütterlich zu betreuen. »Sie suchte wohl auch Abstand von ihrem Mann. Das sensible Gemüt des hypochondrischen Schriftstellers war strapaziert durch die Unruhe der vier Kinder: Monika war noch keine zwei Jahre alt, Golo gerade drei geworden, und die beiden ältesten Klaus und Erika fünf und sechs. Anderthalb Jahre zuvor waren die Manns mit der Unterstützung der Schwiegereltern Pringsheim aus der engen Wohnung im dritten Stock der Franz-Joseph-Straße 2 in die geräumige Mauerkircherstraße 13 am Herzogpark umgezogen.«

Geräumig oder nicht, der an einen reibungslosen Tagesablauf gewöhnte Thomas Mann, dessen Bedürfnis nach Ruhe bei der Arbeit sich alle Familienmitglieder bedingungslos unterzuordnen hatten, geriet ohne Katias ordnende Hand ein wenig aus der Fassung. Zwar kümmerte sich ein Kindermädchen während ihrer Abwesenheit um die lieben Kleinen, doch beklagte sich Thomas Mann in einem Brief an seinen Bruder Heinrich: »Mein Leben ist jetzt etwas hart. [...] Sie [Katia] schreibt muntere Briefe und fühlt sich schon besser. Die Ärzte droben erklären den Fall für unbedenklich, aber langwierig. Sechs Monate wird sie oben bleiben müssen.«

Im Frühsommer 1912, neugierig geworden durch die Briefe seiner Frau und auf der Flucht vor dem heimischen Tohuwabohu, überließ Thomas Mann die vier Kinder in München der Obhut einer Kinderfrau und machte sich auf den Weg zu Katia in die Schweiz. Am 15. Mai, Katia weilte bereits seit rund zwei Monaten im Hochgebirge, reiste er über Landquart an, die Rhätische Bahn, eine Schmalspurbahn, brachte ihn das letzte steile Stück der Strecke bergauf zum Ziel. Er quartierte sich im Haus am Stein ein, die schöne Villa lag in unmittelbarer Nähe zum Waldsanatorium von Dr. Jessen, wo Katia ein Zimmer bewohnte. Das Haus am Stein konnte sich rühmen, nicht zum ersten Mal einen bekannten Schriftsteller zu beherbergen. Schon Ende des 19. Jahrhunderts hatte hier Sir Arthur Conan Doyle gewohnt, der Erfinder von Sherlock Holmes, und auch sein schottischer Landsmann Robert Louis Stevenson, der in Davos im Winter 1880/81 an seinem Roman *Die Schatzinsel* schrieb, war im Haus am Stein abgestiegen.

Gleich bei der Ankunft am Bahnhof in Davos hatte Katia ihren Mann mit allerhand anekdotischem Klatsch und Tratsch über die Mitpatienten überfallen. Es sei kein Gerücht, dass in den Heilanstalten äußerst lockere Sitten herrschten, Katia Mann hatte einschlägige Informationen parat: »Der Hofrat spricht vom Sanatorium doch manchmal wie von einem Lustschlösschen. Die ungeheure Laxheit, die bestand, dass man über die Balkone von einem Zimmer ins andere kommt – es war schon in sittlicher Hinsicht nicht ganz einwandfrei.« Trennwände aus Milchglas ließen einen Durchschlupf von Balkon zu Balkon frei, und das Waldsanatorium sei überdies extrem hellhörig, man werde wider Willen Zeuge fremder Leute Intimitäten. Der Weg zu Sanitas ein Sündenpfuhl? Vom ersten Tag seines Besuchs an ahnte Thomas Mann wohl, dass mit den ersten kolportierten Klatsch- und Tratschgeschichten vom Bahnhof eine Büchse der Pandora geöffnet worden war. Als er sein Zimmer im Haus am Stein bezog, stellte er erst einmal beruhigt fest, dass er von seinem Fenster aus zu Katias Balkon hinübersehen konnte.

Die ›splendid isolation‹ der Kranken in den Bergen mit einem Arsenal von Erfindungen, die

die Krankheit bekämpfen sollten, einem Schrein
voller Reliquien, an die sich der Glaube an bal-
dige Genesung klammerte, die Begriffe, mit denen all diese Dinge benannt wurden, die Thomas
Mann hier begegneten, waren ihm ein täglicher
Quell der Inspiration. Die Davoser Realität erschien als kurioses Raritätenkabinett, ange-
füllt mit allerlei Utensilien, auf deren Gebrauch
sich nur die Geheimgesellschaft der Ärzte und
Patienten verstand: das Fieberthermometer, stets
griffbereit wie das Blatt mit der Fieberkurve,
der warme Pelzsack für die Füße und das Plaid,
in das man sich kunstvoll bis zur Nasenspitze
einwickelt, wenn man sich auf der Licht- und
Luftterrasse zur Liegekur einfindet, pünktlich
wie die Uhren auf den Hotelgängen. Und da
gab es diese neuartige Maschine mit Hebeln
und Rädchen, mit deren Hilfe sich wie in einer
Spukvorstellung der Brustkorb eines Patienten
durchleuchten ließ, den Röntgenapparat, dessen Mechanismus mit Blitzen und Geknister ein
wahres »Stubengewitter« losbrechen ließ, bis
auf einer Platte das Röntgenbild aufschien und
man »in sein eigenes Grab« schauen konnte.
»Lichtanatomie« hieß die Methode. Ein beson-
deres Juwel war ein ›blauer Heinrich‹ genann-
tes, leicht bauchiges Fläschchen. Es handelte

sich dabei um ein 10,5 Zentimeter hohes Gefäß aus blauem, an alte Tintenfässchen erinnerndem Glas mit einem metallenen Sprungdeckel und abschraubbarem Boden. Im ›Taschenfläschchen für Hustende‹, so der handelsübliche Name des Flakons, der nach der Benutzung mit Karbollösung gereinigt wurde, verwahrten die Kranken diskret ihr Sputum. Diese Erfindung eines Lungenarztes aus dem Taunus war seit 1889 – kurz nach der Entdeckung des Tuberkels durch Robert Koch 1882 – ein wahrer Verkaufsschlager. Der ›Spucknapf to go‹ sollte die Infektionsgefahr durch den Auswurf Tuberkulosekranker verringern und erleichterte es zudem, die Hausordnung der Sanatorien zu beherzigen, in der gebeten wurde, nicht auf den Boden zu speien.

Es schien ganz so, als sei es, einmal angekommen, gar nicht so einfach, wieder aus Davos abzureisen. Hedwig Pringsheim schrieb an den Schriftsteller Maximilian Harden, dass die Ärzte jedem, der sich dort aufhalte, »eine Tuberkulose in die Lungen schwätzen« wollten: »Unter uns, mein Freund, ich halte Davos für einen Schwindel.« Thomas Mann, vom Reizklima in den Bergen nur ganz leicht erkältet, unterwarf sich den ortsüblichen Ritualen und unterzog sich vorsorglich einer Untersuchung seines Thorax. Der Arzt diagnostizierte tatsächlich einen Schatten auf seiner Lunge und riet ihm zum Bleiben. Thomas Mann setzte seinen Münchner Hausarzt von der Diagnose in Kenntnis und bat ihn um Rat. »Ich kenne Sie doch ganz genau«, antwortete der Doktor, »Sie wären der Erste, der bei einer Untersuchung in Davos nicht irgendeine Stelle gehabt hätte. Kommen Sie nur gleich zurück. Sie haben in Davos gar nichts zu suchen.« Thomas Mann folgte den Worten seines Vertrauensarztes und reiste nach vier Wochen wieder ab, keimfrei, aber voller neuer Eindrücke und neu erlernter Vokabeln, Rohstoff für ein neues Werk. Wieder in München angekommen, richtete er es sich gedanklich im Gebirge ein, weiterhin von Katia per Brief mit Anekdoten aus dem Sanatorium versorgt. Auch Katia Manns Mutter Hedwig Pringsheim war seit ihrem Davos-Besuch nicht um Geschichten verlegen, doch sie hielt sich höflich zurück: »Ich könnte die herrlichsten Briefe über meinen Aufenthalt im Sanatorium schreiben, aber ich will dem Schwiegertommy nicht ins Handwerk pfuschen, der ja auch vier Wochen hier war, und der ja sozusagen nur ›Material‹ lebt. Professor Jessen wird sich nächstens sein blaues Wunder erschauen!«

Prof. Dr. Jessen inspirierte Thomas Mann zur Figur
des Hofrats Behrens im *Zauberberg*.

Ein gutes Jahrzehnt nach der *Tristan*-Novelle begann Thomas Mann also erneut mit der Niederschrift eines Textes, der Davos zum Schauplatz hatte. Die Pension Einfried hieß jetzt Sanatorium Berghof, auf Dr. Leander folgte der Chefarzt Hofrat Behrens, dem Dr. Jessen seine Gestalt verlieh, wie Hedwig Pringsheim es vorausgesehen hatte. Dieser untersuchte und behandelte ein illustres Panoptikum an Patienten, arme und reiche Russen, exzentrische Französinnen, Jesuiten und Freimaurer, und mittendrin Thomas Manns neu erschaffener Protagonist, der junge Hamburger Hans Castorp. Der will seinem Cousin Joachim Ziemßen für gerade mal drei Wochen einen Besuch abstatten. Er muss, so vielversprechend beginnen die Geschichten, bald nach seiner Ankunft im Sanatorium ein »Klatschen und Küssen« hinter der Zimmerwand vernehmen: »Hans Castorp stand, das Handtuch in Händen, und horchte wider besseren Willen. Und plötzlich errötete er unter seinem Puder, denn was er deutlich hatte kommen sehen, war gekommen, und das Spiel nun ohne allen Zweifel ins Tierische übergegangen.« Als auch Castorp sich durchleuchten lässt und eine »feuchte Stelle« in seiner Lunge zu sehen ist, verlängert er aber anders als sein Autor seinen Aufenthalt und schlüpft in die Rolle des ewig verlängerten Patienten. Aus den geplanten drei Wochen in Davos werden für ihn sieben märchenhafte Jahre. Doch noch eine ganze Weile länger dauerte die Niederschrift des Romans.

Der Zauberberg erschien am 20. November 1924 in zwei Bänden im S. Fischer Verlag. »Diese Krankenwelt dort oben ist von einer Geschlossenheit und einer einspinnenden Kraft, die Sie ein wenig gespürt haben werden, indem Sie meinen Roman lasen«, so Thomas Mann in seinem Vorwort zum Roman. »Es ist eine Art von Lebens-Ersatz, der den jungen Menschen in relativ kurzer Zeit dem wirklichen, aktiven Leben vollkommen entfremdet. Luxuriös ist oder war alles dort oben, auch der Begriff der Zeit. Bei dieser Art von Kuren handelt es sich stets um viele Monate, die sich oft zu Jahren summieren. Nach einem halben Jahr aber hat der junge Mensch nichts anderes mehr im Kopf als die Temperatur unter seiner Zunge und den Flirt. Und nach einem zweiten halben Jahr wird er in vielen Fällen nie wieder etwas anderes im Kopf haben können als dies. Er wird endgültig untauglich für das Leben im Flachland geworden sein.«

Zwischen Thomas Manns Besuch in Davos, dem Beginn der Niederschrift und dem Erscheinen des *Zauberberg* lagen rund zwölf Jahre. Die Entstehungsgeschichte des Romans ist eine Geschichte der Pausen und Unterbrechungen. Nachdem der Schriftsteller im Juni 1912 aus Davos zurückgekehrt war, machte er sich zunächst an die Fertigstellung seiner Novelle *Tod in Venedig*, auch arbeitete er weiter am *Felix Krull,* danach wollte er eine neue Davos-Novelle in Angriff nehmen. Klaus Mann schreibt: »Der *Zauberberg* war nur als ein witziges Gegenstück zum *Tod in Venedig* gedacht, ein Satyrspiel, eine Karikatur auf die Todesfaszination, die jene Novelle so ernsthaft behandelte [...].« Diesmal wollte Thomas Mann den Tod vor allem von seiner ironisch-humoristischen Seite schildern. Als er seinen vierundzwanzigjährigen Protagonisten Hans Castorp auf den Zauberberg schickte, war er selbst siebenunddreißig Jahre alt, Vater von vier Kindern und als Autor außerordentlich angesehen. Als er 1924 endlich die Worte ›Finis operis‹ unter das 1.201 Seiten starke Manuskript setzen konnte, ging er auf die Fünfzig zu, war Vater von nunmehr sechs Kindern und ein Autor, auf dessen Stimme man hörte. In der Zwischenzeit hatte ein vier lange Jahre währender Krieg ungeahnten Ausmaßes die ganze Welt und die Fundamente des bürgerlichen Bewusstseins erschüttert. Der Erste Weltkrieg war ein tiefer Einschnitt im Leben der Menschen, der auch die Geschicke der Figuren in Thomas Manns Manuskript vollkommen über den Haufen werfen musste, wollten sie etwas über die Wirklichkeit erzählen. »*Der Zauberberg*«, schreibt Peter de Mendelssohn zur Entstehungsgeschichte des Buches, »darauf lief es hinaus, war ein Vorkriegsroman; er war durch den Krieg zu einem historischen Roman geworden, und er musste es bleiben. Damit er es bleiben konnte, musste die schwere Gedankenfracht des Krieges auf ein anderes Schiff verladen werden, denn das Romanschiff wäre unter der Last geborsten und gesunken.«

Thomas Mann hatte eine angekränkelte Gesellschaft schildern wollen, deren Werte sich überlebt hatten, und die gleichsam in einem Vakuum, der künstlichen Abgeschiedenheit der Sanatorien, überdauern konnte. Nun hatte die Flut der Ereignisse die Fiktion in einer gewaltigen Welle überrollt. Thomas Manns Manuskript verschwand für eine Weile in der Schublade und überließ aktuellen Fragen das Terrain. Im Herbst

1914, der Krieg war noch jung und niemand ahnte, wie lang er sich hinziehen würde, schrieb Thomas Mann seine *Gedanken im Kriege* nieder und einen historischen Essay, *Friedrich und die Große Koalition*, gefolgt von den umfangreichen *Betrachtungen eines Unpolitischen*, womit er den Krieg als politisches Mittel rechtfertigte, eine Haltung, von der er sich mit der Fortdauer der Katastrophe zunehmend distanzierte. Erst mit dem Jahr 1920 nahm er sich das verbannte Manuskript wieder vor und setzte die Arbeit am *Zauberberg* fort, es galt nun, den Roman vor dem Hintergrund einer neuen Realität standhalten zu lassen. Der Glaube an scheinbar verbürgte Werte war erschüttert. Staatengefüge waren auseinandergebrochen wie die K.u.K.-Monarchie, aus dem Zarenreich war die Sowjetunion geworden, in Deutschland regierte kein Kaiser mehr, in der Weimarer Republik debattierte ein von Männern und Frauen gewähltes Parlament. An den Dichter Max Rychner schrieb Thomas Mann: »Es ist eine weitläufige Composition. Ich habe noch viel daran zu thun. Vom Erscheinen in diesem Sommer ist keine Rede.« Das Konvolut wuchs täglich um ein, zwei Seiten, immerhin. Der französische Schriftsteller Philippe Soupault besuchte

Thomas Mann während der Entstehungszeit des *Zauberbergs* in dessen Haus in München, es ging um die Übersetzungen seiner Werke für die Pariser Edition. »Man hatte den Eindruck, ihn zu stören, dass er es eilig hatte, wieder nach oben in sein Arbeitszimmer zu kommen, wo er gerade an seinem nächsten Roman schrieb. Ich glaube, das war *Der Zauberberg*.« Im Mai 1920 erschienen in der *Neuen Zürcher Zeitung* Auszüge des ersten Kapitels als Vorabdruck. Von diesem Zeitpunkt an wusste die literarisch interessierte Welt, dass auf dem Schreibtisch des Schriftstellers wieder ein größeres Werk im Entstehen war, auf das man vor allem in der Schweiz mit Spannung wartete.

Im Januar 1921 führte eine Einladung der Kunstgesellschaft Thomas Mann erneut für vier Tage nach Davos, er sollte im Kursaal aus seinen Werken lesen. »Traumhaft dann der Aufenthalt in der lange vergeistigten Wirklichkeit«, notierte er über jenen »seltsam extremen Ort, mit dessen Namen [...] mein Träumen und Bilden seit Langem so eng verknüpft ist.« Vor Ort drängte es den Schriftsteller, seinen Roman endlich zum Abschluss zu bringen, er nutzte den neuerlichen Aufenthalt, um seine Eindrücke auf der Davoser Kurpromenade, bei Schlittenfahrten und bei Wanderungen hinauf zur Schatzalp aufzufrischen und wieder Anschauungsmaterial aus dem wirklichen Leben zu sammeln. Er notierte brisante Details wie jenes, dass von dort die Toten diskret ins Tal geschafft werden, »die müssen im Winter ihre Leichen per Bobschlitten herunterbefördern, weil dann die Wege nicht fahrbar sind.« Anlässlich des traditionellen Eisfestes entstand während des Kurzbesuches 1921 auch eine Fotografie, die Thomas Mann mit der populären Tänzerin Niddy Impekoven zeigt, die das Publikum seinerzeit mit expressionistischen Ausdruckstänzen begeisterte und hier beim jährlich stattfindenden Eisfest Schlittschuh lief. Auch dieses ist im *Zauberberg* festgehalten.

Thomas Mann fuhr vor Abschluss seines Manuskripts nicht noch einmal nach Davos. In seinem Münchner Arbeitszimmer tanzte bald der bunte Figurenreigen, in den sich Katias einstige Mitpatienten verwandelt hatten: die türenschmeißende Clawdia Chauchat, die ordinäre Frau Stöhr, die Gäste vom guten und vom schlechten Russentisch, Settembrini, Naphta, Mynheer Peeperkorn. Der Autor folgte seinem strengen Arbeitsrhythmus, drei stramme Schreibstunden am Vormittag, nach der Mittagspause dann »Lektüre für die eigene

Thomas Mann mit der Eiskunstläuferin Niddy
Impekoven (rechts) beim Davoser Eisfest, 1921

Produktion« und Vorarbeiten für den nächsten Schreibtag – alles war dem Roman untergeordnet, was wiederum hieß, dass Katia die Regie im Haus führen musste. »Wir haben so manches besprochen«, beschreibt Katia Mann ihre Rolle im Hinblick auf die Arbeit ihres Mannes, »aber direkt beraten, bis auf den *Zauberberg*, wo ich das Thema beherrschte, habe ich ihn nicht.« 1924 war der Roman endlich vollendet. Die Mühen und Dramen der Ebene hatten nun auch die Fiktion erreicht. Thomas Mann ließ Hans Castorps Geschichte damit enden, dass er nach sieben Jahren vom Zauberberg hinabsteigt, untauglich fürs Flachland und dennoch tauglich für den Krieg. »... und so, im Getümmel, in dem Regen, der Dämmerung, kommt er uns aus den Augen. [...] Wir wollen nicht hoch wetten, dass du davonkommst.« Ein als Frage formulierter frommer Wunsch beschließt den Roman: »Wird auch aus diesem Weltfest des Todes, auch aus der schlimmen Fieberbrunst, die rings den regnerischen Abendhimmel entzündet, einmal die Liebe steigen?« Die Hoffnung stirbt bekanntlich zuletzt – als *Der Zauberberg* 1924 erschien, steckte der Weltkrieg noch allen seinen Lesern in den Knochen.

Die ersten zwanzigtausend Exemplare des Romans waren umgehend verkauft, und noch vor Weihnachten 1924 erschien das dritte Zehntausend. »Der Zauberberg hat schon ein paar schöne Kritiken. Eine eigentliche Pleite kann es kaum noch werden«, schrieb Thomas Mann zufrieden und etwas kokett. Im Februar 1925 konnte er seinem Schriftstellerfreund Ernst Bertram stolz vermelden: »Ich habe, unter uns gesagt, an Eintrittsgeldern in mein mystisch-humoristisches Aquarium schon einige siebzigtausend Mark verdient, und so habe ich mir denn ein Auto angeschafft, einen hübschen sechssitzigen Fiat-Wagen ...«

Doch auch Ärger folgte auf dem Fuße. Kaum dass *Der Zauberberg* erschienen war und Thomas Mann seine ersten öffentlichen Lesungen aus dem Buch abhielt, begann man, es als Schlüsselroman zu dechiffrieren. In der Gestalt des etwas grobschlächtigen, trinkfesten Mynheer Peeperkorn war unschwer Gerhart Hauptmann zu erkennen, der Literaturnobelpreisträger und berühmte Kollege, von dem es hieß, er leere mindestens zwei Flaschen Rotwein täglich aus seinem gut bestückten Keller. Hedwig Fischer, die Gattin des Verlegers, bat Thomas Mann unverzüglich, wenigstens einige Einzelheiten wie etwa die Rotweinflecke auf der Decke fortzulassen, damit Hauptmann sich nicht zu sehr verletzt fühle. Zu spät. Hauptmanns anfängliche Begeisterung über den *Zauberberg*-Roman schlug jäh in Zorn um, und er stritt jedwede Ähnlichkeit mit Peeperkorn ab: »Diesem idiotischen Schwein soll ich gleichen?« Während mehrerer Begegnungen mit Gerhart Hauptmann hatte Thomas Mann Charakterstudien anstellen und in Literatur ummünzen können. Etwa ein Abstecher noch im Juli 1924 auf die Ostseeinsel Hiddensee, wo die Manns und die Hauptmanns im Ort Kloster zusammentrafen und beide Familien in der Pension Haus am Meer hoch über der Steilküste untergebracht waren, hatte Gelegenheit geboten, der Figur Peeperkorn den letzten Schliff zu geben. »Thomas Mann dürfte eifrig am Bildnis des Holländers geschnitzt haben, während er mit dem Vorbild Wand an Wand wohnte. Hauptmann ahnte nichts davon.« Um einen Entschuldigungsbrief kam Thomas Mann da jedenfalls nicht herum.

Wie *Der Zauberberg* nun in der Schweiz aufgenommen wurde, das verrät Katia Mann in ihren Memoiren: »*Der Zauberberg* hat die Davoser sehr geärgert. Das Buch hat in

Davos Anstoß erregt, weil es den Anschein erweckte, als ob die jungen Leute aus reichen Familien, eingefangen von der Atmosphäre des Sanatoriums und den Annehmlichkeiten dieser Existenz, festgehalten würden, wo sie schon nicht mehr so krank waren, und nur wegen des Geschäftlichen und der Ungebundenheit viel länger blieben, als sie eigentlich mussten.« Und Thomas Mann schrieb im April 1926 an den Literaturwissenschaftler Philipp Wittkop, er könne sich seit dem *Zauberberg* in Davos »nicht gut blicken lassen.« Zur Kur wich man nun ins nahe, jedoch durch ein Bergmassiv von Davos getrennte, etwas höher gelegene Arosa aus. Es war durchaus nicht das erste Mal, dass Thomas Mann es sich mit der Einwohnerschaft eines ganzen Ortes zu verscherzen drohte. Bereits die *Buddenbrooks* hatten mit ihrem Erscheinen im Jahre 1901 ganz Lübeck in Aufruhr versetzt, weil die Bürger der Hansestadt ihren guten Ruf durch einen undankbaren Nestbeschmutzer besudelt sahen. Als Thomas Mann 1929 den Nobelpreis für die *Buddenbrooks* bekam, rissen sich die Lübecker allerdings wieder um den Laureatus, einen Sohn ihrer Stadt.

Der Davoser Ärger bestand indes auch weiter fort. Alfred Döblin wurde – möglicherweise auf Betreiben seines Freundes Ernst Ludwig Kirchner – von der örtlichen Kunstgesellschaft zu einer Lesung aus seinem Roman *Berge Meere und Giganten* eingeladen, im März 1932. In der *Davoser Zeitung* vom 11. März 1932 kann man in einer Besprechung lesen: »Dr. Döblin streifte in einem kurzen sympathischen Begrüßungswort, dass er – anders als Thomas Mann in seinem verunglückten *Zauberberg* – die Davoser Atmosphäre stärker und reiner empfinde.« Auch Erika Mann bekam den Groll der Davoser noch zu spüren, als sie Ende 1934 mit ihrem erfolgreichen politisch-satirischen Kabarett *Die Pfeffermühle* im Rahmen einer Schweiz-Tour dort auftreten wollte. Ihr wurde kurzerhand ein Auftrittsverbot erteilt, man führte nach wie vor die geschäftsschädigenden Auslassungen ihres Vaters im *Zauberberg* ins Feld und ließ wissen, man schulde seinem Autor keinen Dank. Wenn es doch bloß das gewesen wäre! Man wolle vor allem die Gäste aus Deutschland nicht verärgern, »die auf dem Boden des gegenwärtigen deutschen Staatsregimes« stünden, so hieß es in der Ausladung. Auf einem Flugblatt der nationalen Front in Zürich wurde »gegen die Wühlerei der Emigranten« gehetzt, und Erika Mann, die ohnehin nie ein Blatt vor den Mund nahm, bot sich als ideales Feindbild an. Der lange Arm der Nationalsozialisten reichte bis hinauf nach Davos. Mit Hitlers Machtübernahme in Deutschland hatte ein ehemaliger Patient namens Wilhelm Gustloff hier eine Außenstelle der NSDAP aufgebaut und dazu beigetragen, die ehemals weltoffene, international geprägte Atmosphäre des Ortes zu vergiften. Die Ausbreitung des Nationalsozialismus bedeutete auch das Ende der beliebten Davoser Hochschulkurse, denn berühmte Gelehrte am Rednerpult blieben ebenso aus wie internationales Publikum. Thomas Mann hatte die Zukunft da schon beschrieben: Auf den Seiten des *Zauberberg* betritt bereits Jahre zuvor ein Antisemit die Szene, der eine Zeitschrift mit dem vielsagenden Titel »Die arische Leuchte« liest: »… er war nichts in der Welt, aber ein Judenfeind war er geblieben.«

Ungeachtet der Davoser Verärgerung brachte *Der Zauberberg* Thomas Mann in wirtschaftlich unsicheren Zeiten nicht nur eine hübsche Summe ein, sondern mehrte auch seinen Ruhm. Den Literaturnobelpreis erhielt er 1929 zwar offiziell für die *Buddenbrooks*, Weltruhm hatte ihm jedoch *Der Zauberberg* verschafft. Schon seit 1917 waren Thomas Manns Bücher in den USA im angesehenen New Yorker Verlagshaus Alfred A. Knopf erschienen. Als *Der Zauberberg* 1927 erstmals als *The Magic Mountain* herauskam, machte er seinen Autor dann einer noch breiteren Leserschaft jenseits des Atlantiks bekannt, wohin er Ende der 1930er-Jahre ins Exil übersiedelte.

1933 war die Schweiz erste Exilstation der Manns gewesen, bis 1938 hatten sie ihren Wohnsitz in Küsnacht genommen, bevor sie über Frankreich in die USA gingen. Die Schweiz wurde auch zur letzten Adresse von Thomas und Katia Mann. Unweit von Davos, nur zwei Autostunden entfernt, liegt Kilchberg am Zürichsee, wo sie sich 1954 niederließen, so wie auch Erika Mann, die schon seit Jahren mit fester Hand die Geschäfte ihres Vaters führte. Davos hatte sich zu diesem Zeitpunkt längst ausgesöhnt mit seinem berühmten Besucher, und *Der Zauberberg* wurde als bedeutendes literarisches Denkmal wertgeschätzt, das der Schriftsteller Davos gesetzt hatte. So wie der Wahl-Davoser Ernst Ludwig Kirchner das Bild des Ortes auf etlichen Gemälden in die Welt hinausgetragen hatte, so ließ sich Thomas Manns Buch nun als ein einzigartiges Aushängeschild

Ernst Ludwig Kirchner, *Davos im Winter*, 1923

präsentieren. »Wie ich voriges Jahr in Klosters war«, schreibt Katia Mann in ihren 1974 erschienenen Memoiren, »wollten die Davoser mir absolut zu Ehren des *Zauberbergs* ein Fest geben. Nun, sie machten es auch, aber es war schon nicht ohne Komik, wenn man bedenkt, was für böses Blut es gegeben hatte. Jetzt sind sie ganz stolz auf das Buch.«

Jedes Sanatorium will nun gern Vorbild für Thomas Manns Roman gewesen sein. Das Waldhotel, das ehemalige Waldsanatorium von Dr. Jessen, in dem Katia einst logierte, wirbt heute mit Aufenthalten im Geiste Thomas Manns, der Weg hinauf ist nach ihm benannt, die Schatzalp lädt zu Wanderungen auf Thomas Manns Pfaden ein. Eine ortsansässige Bäckerei bietet ein Zauberbergbrot an, nur eines von vielen Davos-Souvenirs, die vom Roman inspiriert wurden. Längst ist Thomas Manns *Zauberberg* zu einer Marke geworden, ja, zu einem anderen Namen für Davos.

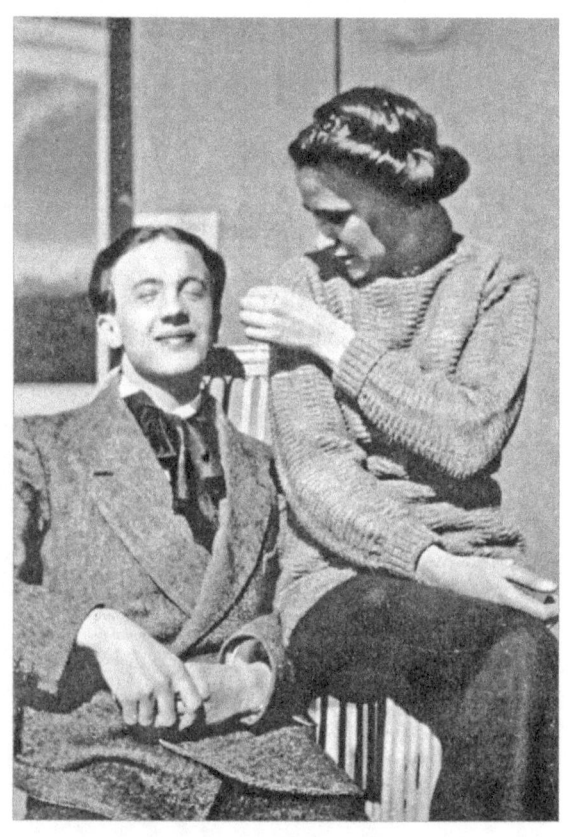

Frisch verliebt: Paul Éluard und Gala
1913 in Clavadel

Gemeinsamer Aufbruch in Clavadel
Paul Éluard trifft Gala
und wird zum Dichter

Im Januar 1913, Katia und Thomas Mann sind schon wieder abgereist, steigt eine junge Russin aus einem Zug der Rhätischen Bahn. Ein Auto bringt sie von der Station Davos-Platz in ein Seitental, nach Clavadel. Im dortigen Sanatorium soll sie sich in den kommenden Wochen und Monaten von einem bedrohlich erscheinenden Bronchialinfekt erholen. Sie ist erschöpft von der mehrtägigen Fahrt, rund 2.500 Kilometer hat sie seit der Abreise aus Moskau zurückgelegt. Jetzt will sie sich erst einmal ausruhen und sich morgen umschauen, ob man ihr nicht zu viel versprochen hat von den Tanzveranstaltungen im Sanatorium und von den vielen Landsleuten, die man hier antreffen soll. Im Kaiserhof, in der Villa Belli, in der Pension Tanzbühl haben sie sich auf die Gäste aus dem Osten eingerichtet, dort soll es köstliche russische Speisen geben.

Und gleich am Bahnhof Davos-Platz hat sie ein Volkssanatorium nur für Russen entdeckt und sogar ein Vizekonsulat, eine Außenstelle der Vertretung in Bern. An der Rezeption im Sanatorium bestätigt die neu Angekommene ihre Daten: Helena Dmitrijewna Djakonowa, genannt Gala, geboren am 26. August 1894 im russischen Kasan.

Das vierstöckige Sanatorium in Clavadel, 1.625 Meter über dem Meeresspiegel, ist noch relativ neu, 1904 errichtet und mit rund sechzig Zimmern zur Südseite hin modern ausgestattet. Gala hat ihr unpersönliches, steril wirkendes Krankenzimmer gleich nach der Ankunft zu einem individuellen Kabinett umgestaltet, mit Büchern von Dostojewski und Tolstoi sowie Ikonen aus der Heimat, die sie neben warmen Wollsweatern und eleganter Abendkleidung für die versprochenen Ballvergnügen bis ins Hochgebirge hinaufgeschleppt hat.

Seit Dezember 1912 ist ein Siebzehnjähriger aus Paris unter den Kurgästen in Clavadel. Die *Davoser Blätter*, die die Gästelisten des Kurorts veröffentlichen, verzeichnen, dass Eugène Émile Paul Grindel der einzige Franzose im Sanatorium ist, während die Russen neben zahlreichen Deutschen und Ungarn etwa ein Viertel der Sanatoriumsgäste ausmachen. Schon deswegen ist dieser Pariser Gala sofort aufgefallen, außerdem ist er recht hübsch, blond und blauäugig, vor allem aber ist er im Unterschied zu den meisten anderen Gästen jung. Es dauert nicht lange, und die beiden kommen miteinander ins Gespräch. Eugène Grindel erzählt ein wenig gequält, dass er Buchhaltung im Immobiliengeschäft seines Vaters lernt, in dessen Fußstapfen er treten soll, doch eigentlich fühle er sich zu Höherem berufen, zum Dichter. Seine Vorbilder, fährt der junge Mann fort, seien die großen französischen Dichter, Rimbaud und Verlaine, dessen Totenmaske er über dem zierlichen Schreibtisch in seinem Sanatoriumszimmer aufgehängt hat. Gala ist begeistert, der junge Leser ist ein Seelenverwandter. In Clavadel lernt Gala durch ihn jene Bücher kennen, an denen die literarische Avantgarde in Paris sich gerade entzündet. Sie berauschen sich gemeinsam an Gedichten von Baudelaire und Apollinaire, dessen berühmte *Alcools* gerade erschienen sind – Liebesgedichte, von denen der angehende Poet Paul sich ganz besonders inspiriert fühlt. Auf seinem Nachttisch liegt auch ein Band mit Gedichten des Amerikaners

Walt Whitman, die berühmten *Grashalme*, die kürzlich ins Französische übersetzt worden sind. Gemeinsam entdecken sie die deutschen Romantiker, sie lesen Novalis und Brentano, deren dunkle Ironie den späteren Surrealisten Paul Éluard beizeiten in ferne Gedankenwelten entführt. Der attraktive Mitpatient aus Frankreich wird für Gala bald zum ständigen Begleiter, nicht nur auf der Davoser Promenade und auf den mit Schnee bedeckten Waldwegen, sondern auch auf ihren Fantasiereisen, zu denen sie vom Boden nüchterner bürgerlicher Tatsachen aus abheben können, im Schutz des Sanatoriums. Sie tauschen wie Pennäler auf Zettelchen gekritzelte Botschaften aus. Auf eines hat Gala notiert: »Ich bin Ihre Schülerin!« Immer öfter klopft sie an die Tür zu Pauls Zimmer, schlüpft hinein, und zu den Dingen, die sie gemeinsam hinter der verschlossenen Tür tun, gehört auch das dialogische Schreiben von Gedichten. Eines davon nennen sie *Réciprocité – Gegenseitigkeit*:

>»Poète! Poète!
>Et toi, Poésie!
>Toi des hommes le moins bête!
>Et toi muse sans hystérie!

Oh! toi! tu m'aimes, dis-le-moi.
Les mots ne se quitteront pas.
La vie est belle, belle, belle!
Oh! dis-le-moi.«

»Dichter! Dichter!
Und du, Poesie!
Du, von den Männern der Klügste noch!
Und du Muse ohne Hysterie!
Oh! Du! Sag', dass du mich liebst.
Die Wörter werden sich nicht trennen.
Das Leben ist schön, schön, schön!
Oh! sag' es mir.«

»Gerade eben komme ich von einer Auskultation«, gibt Paul seinen Eltern in Paris brav Auskunft. »Der Doktor sagt, es ginge mir gut, sehr gut, an der Therapie muss nichts verändert werden, ich benötige auch keine Spritzen. Tuberkulin, Kupfer, etc. Aber ich muss mehr spazieren gehen: eine Stunde am Vormittag und zweimal eine halbe Stunde für den Rest des Tages. Es schneit ohne Unterlass. Gestern Abend, ich fühlte es schon vorher kommen, hatte ich eine ziemliche Rheumaattacke in beiden Beinen: Füße und Knie. Sie haben warme Luft darauf geblasen (so wie beim Friseur), und heute ist es weg.« Es scheint, als sei die Krankheit buchstäblich wie weggeblasen, seit Paul fern der ungeliebten Arbeit in Paris ist, und vor allem, seit die junge Russin ihm Gesellschaft bei den verordneten Spaziergängen leistet. Madame Grindel, die Paul nach Davos begleitet und sich für Pauls Geschmack mehrere, viel zu lange Wochen mit eigenen Augen von der Qualität des Sanatoriums überzeugt hat, konnte ihrem Gatten zufrieden berichten: »Soweit ich feststellen kann, wird unser Junge sich bei der Pflege und dem guten Essen hier noch vor Ende des Winters prächtig erholt haben.« Wann der gestärkte Paul allerdings nach Paris zurückkommt, das steht in den Sternen. Vor allem, weil er seiner Mutter verschweigt, wie ernst es ihm mit der jungen Russin ist. Es wäre doch töricht, den verschneiten Olymp gegen das Immobiliengeschäft einzutauschen, die Dichterworte gegen nüchterne Zahlen auf Kontorpapier! Die Kur hier oben ist recht kostspielig, aber Geld ist für die Grindels schließlich nicht das Problem, und so gilt es nur, die Temperatur in Schach zu halten, die Fieberkurve darf nicht sinken, die Ärzte werden Paul gerne davon überzeugen, dass noch einmal verlängert werden muss … es müssen ja nicht sieben Jahre werden.

Gala ist ebenso »kirgisenäugig« wie Thomas Manns Romanfigur Clawdia Chauchat. Ihre dunklen, magnetisierenden Augen werden ein paar Jahre später als die Augen der *Femme visible*, der sichtbaren Frau, vom Cover eines Hauptwerks surrealistischer Literatur blicken. Kontakt zu ihren Landsleuten sucht Gala längst nicht mehr. Sie schreibt auch keine Romane à la Dostojewski wie eine russische Dame, die hier kurt, Lidija Pisarschewskaja, die an einem Manuskript mit dem Titel *Das Sanatorium des Todes und der Liebe* arbeitet. Selbst die Ballvergnügen sind ihr einerlei, sie ist bereits wunschlos glücklich und sucht keinen Anschluss mehr, denn ihr neuer Freund kommt aus Paris, jener Metropole an der Seine, die für Gala ein Versprechen ist, die Verheißung einer noch fremden glitzernden Welt, in der die Kunst, die Mode, ja, die Liebe zu Hause sind. Außerdem wandelt sie mit ihm auf den Spuren ihrer dichtenden Freundin Marina Zwetajewa. Die hatte im Mai 1911 einen Offizierssohn aus Moskau kennengelernt, Serge Efron. Er war damals siebzehn Jahre alt, träumte ebenfalls von einer Zukunft als Dichter und litt unter Tuberkulose. Marina und Serge hatten bald geheiratet, unlängst, im Januar 1912. Und wollte

Gala nicht immer schon genau so sein wie die von ihr bewunderte Freundin? Der Wunsch soll in Erfüllung gehen. Einige Jahre später erinnert Gala ihren Paul in einem Brief an die Zeit in Davos: »Damals betete ich, vielleicht zum ersten Mal, zu Gott. Er solle mir den jungen Mann geben, den ich so verehrte. Und siehe da! Du bist mein!«

Am 1. Dezember 1913 erscheinen Éluards *Premiers Poèmes – Erste Gedichte*, finanziert von Madame Grindel, die ihrem einzigen geliebten Sohn jeden erdenklichen Wunsch erfüllt. Sie war in Paris mit einem Verleger in Kontakt getreten, der den Erstling gegen eine kleine Summe in wenigen Exemplaren druckte. Aus Paul Eugène Grindel war im fernen Clavadel Paul Éluard geworden – der Mädchenname seiner Mutter, den er für klangvoller hielt als Grindel, wurde zu seinem *nom de plume*. Die *Erste der Welt*, so lautet der Titel eines seiner frühen Gedichte, ist jedoch niemand anderes als Gala, die Frau, der er stets seine künstlerische Initiation zuschrieb:

UN SEUL ÊTRE
A fait fondre la neige pure,
A fait naître des fleurs dans l'herbe
Et le soleil est délivré.

Ô! fille des saisons variées,
Tes pieds m'attachent à la terre
Et je l'aime toute l'année.

Notre amour rit de ce printemps
Comme de toute ta beauté,
Comme de toute ta bonté.

EIN EINZIGES GESCHÖPF
Hat den reinen Schnee schmelzen lassen,
Blumen erblühen lassen im Gras
Und die Sonne kommt hervor.

Oh, Mädchen bunter Jahreszeiten,
durch dich ist Boden unter meinen Füßen
und ich liebe das ganze Jahr.

Unsere Liebe lacht über diesen Frühling
Wie über all deine Schönheit
Wie über all deine Güte.

Gala wirkte alsbald mit an den poetischen Texten, die Paul Éluard in Clavadel schrieb, eine einmütige Spielform zu zweit. 1914 erschien Éluards zweite Gedichtsammlung *Dialogues des Inutiles – Dialoge der Nichtsnutze*. Diese vierzehn Minimal-Dialoge sind versehen mit einem Vorwort von Gala, das folgendermaßen beginnt: »Wundern Sie sich nicht, wenn eine Frau – vielmehr: eine Unbekannte – dem Leser dieses Bändchen vorstellt.« Sie zeichnet mit »Reine de Paleùglnn«, was auf einem Anagramm basiert und aufzuschlüsseln ist als »A P.E. G. UN RIEN D'ELLEN: A Paul Éluard, Gala, un rien d'Ellen.«

Die lange Atempause im geschützten Raum des Sanatoriums bot Paul Éluard die ideale Chance, sein Talent als Dichter auszuprobieren. Und für Gala war das Sanatorium ein Sprungbrett in eine andere Welt. Erst als literarisch verewigte Nichtsnutze in der Abgeschiedenheit der Berge, jenseits der Erwartungen, die an sie gestellt wurden, wussten sie, was sie von ihrem zukünftigen Leben wollten oder besser: nicht wollten. Paul jedenfalls graute es vor einer amusischen Zukunft als Immobilienmakler, und Gala langweilte die Vorstellung vom Leben einer höheren Tochter, die, zurück in Moskau, einen standesgemäßen Mann heiratete, Kinder bekam und den Haushalt führte. Nur nicht in melancholischer Schönheit altern wie eine Verwandte der *Drei Schwestern* aus dem Theaterstück von Anton Tschechow.

Auf einem Maskenball in Clavadel präsentieren sich Gala und Paul in Kostümen, mit denen sie aller Welt vorführen, wie untrennbar verbunden sie sich schon jetzt fühlen. Verkleidet als Pierrot und Pierrette, gewandet in weiß schimmernde Anzüge, mit weiß gepuderten Gesichtern und schwarzen Kappen auf dem Kopf, posieren sie Seit an Seit vor der Kamera des Fotografen. Die poetische Allianz ist nur der zarte Beginn einer langen Union, denn sie haben sich ewige Liebe geschworen. Das Bild von Pierrot und Pierrette ist, aber das bleibt Galas und Pauls großes Geheimnis, ein heimliches Verlobungsfoto.

Im April 1914 liegen zwischen den Liebenden von Clavadel rund 3.000 Kilometer, die sich über ganz Mitteleuropa erstrecken. Beide werden nach fünfzehn Monaten als kuriert entlassen. Paul fährt im Februar 1914 aus Davos zurück nach Paris, Gala reist kurze Zeit später nach Moskau ab. Die Fieberkurve hatte sich abgesenkt, nicht aber die Temperatur ihrer Gefühle. Bevor die beiden Liebenden sich trennen, verspricht Gala Paul, ihm nach Paris zu folgen, spätestens, sobald sie volljährig wird.

Im August 1914 steht Europa vor einem Krieg. In Sarajewo hatte ein serbischer Nationalist den österreichisch-ungarischen Thronfolger Franz Ferdinand und seine Gattin Sophie erschossen. Die Diplomatie hatte trotz Verhandlungen mit Wien nicht verhindern können, dass Österreich-Ungarn Serbien am 28. Juli den Krieg erklärte und auch Russland seine Armee zusammenzog. Anfang August erklärte das Deutsche Reich dann Russland und dessen Verbündetem Frankreich den Krieg. Ost und West machten mobil. Wegen der massiven Truppenbewegungen quer durch Europa ist nun auf Fahrpläne kein Verlass mehr, und die weite Reise von Moskau nach Paris, von Paris nach Moskau, gestaltet sich schon unter normalen Umständen beschwerlich genug. Doch allzu lange kann dieser Krieg ja nicht dauern. Lieber heute als morgen wäre Gala in die Schweizer Berge zurückgekehrt, leider gilt für Russen seit Kriegsausbruch ein striktes Einreiseverbot. Im georgischen Abastuman hat man als Ausweichort für die ausgesperrten

Kurgäste schon ein neues Sanatorium eröffnet, das *Russisches Davos* heißt, immerhin.

Genau wie Thomas Manns Held Hans Castorp muss auch Paul Éluard, unfreiwillig hinabgestiegen vom Bergidyll, als Soldat in den Krieg ziehen. Ungeachtet seiner prekären Gesundheit wird er im Dezember 1914 mobilisiert. Als Lazaretthelfer steht er zwar nicht im Kreuzfeuer, aber an der Somme, dem Hauptkriegsschauplatz, wo er stationiert ist, offenbart sich ihm das Grauen der Gefechte in Gestalt der Schwerverwundeten, die unter seinen Händen sterben. Gala und Paul schreiben sich Briefe. Dank des französisch-russischen Kriegsbündnisses besteht zwar eine Postverbindung zwischen beiden Staaten, doch die Beförderung der Briefe zieht sich oft wochenlang hin. Mit jedem Schweigen zwischen zwei Nachrichten wächst Galas Angst ins Unermessliche, Paul könne etwas zugestoßen sein. 1916 hält sie es nicht mehr aus und reist auf verschlungenen Wegen über neutrales Terrain nach Frankreich. Der Dichter hat Grund zum Jubeln: »La petite chérie arrive à Paris./ Paris fait du bruit. Paris fait du bruit.« Ja, Gala kommt nach Paris, die Freude ist unermesslich. Vorerst. Denn Gala kommt im Spätsommer 1916 in einem Paris an, das überhaupt nicht der in der Ferne erträumten Lichterstadt entspricht. Viele Geschäfte haben geschlossen, die Lebensmittel sind rationiert, überall auf den Straßen begegnet man trauernden Witwen in Schwarz und Kriegsversehrten an Krücken. Die größte Enttäuschung für Gala ist es aber, dass Paul, der Soldat, die meiste Zeit gar nicht in Paris weilt. Für lange Zeit bleibt Davos sehr fern.

Im Februar 1917 heiraten Paul und Gala, er in Uniform, sie in einem ungewöhnlichen Brautkleid, es ist grün. Paul ist die meiste Zeit in der Kaserne, und Gala sieht sich nun wider Willen ins Korsett einer Familie gezwängt, über sie wacht das strenge Auge der Schwiegermutter. Im Mai 1918 bringt sie eine Tochter zur Welt, Cécile. Ihre kühnen Pläne, in Paris als Modezeichnerin zu arbeiten, zerschlagen sich, sie soll eine gute Hausfrau und Mutter werden. Wenigstens ist Paul gegen Ende des Krieges zurück in Paris, er ist wegen seiner schwachen Lungen demobilisiert worden, aber wohlauf. Doch kaum schweigen endlich die Waffen, geht er wieder seiner Wege. Im März 1919 stößt er zu einem Kreis junger zorniger Männer um

Die frisch Vermählten im Februar 1917

André Breton, die sich Dadaisten nennen und mit aufsehenerregenden Aktionen und Texten die Pariser Kunstszene aufrütteln. Paul Éluard stürzt sich in Arbeit, gemeinsam mit Breton, Louis Aragon und Philippe Soupault gibt er eine neue Zeitschrift heraus, *Littérature*. Gala ist vor allem exotische Attraktion in diesem Männerklüngel. Éluard trägt ein Aktfoto seiner Frau im Portefeuille mit sich herum und zeigt es stolz seinen neuen Freunden. Gern erwähnt er auch, wie aufregend es sei, mit einer Russin verheiratet zu sein.

In den 1920er-Jahren entfaltet sich Paul Éluard als Schöpfer unsterblicher Verse der französischen Poesie und betätigt sich als fleißiger Sammler moderner Kunst. Gala überlässt Cécile der Obhut der Großeltern und spielt das Spiel der vor allem selbstverliebten Männer mit. Man zelebriert die freie Liebe, das ist en vogue. Paul hat zwar ständig Angst, Gala zu verlieren, dennoch bietet er sie seinen Freunden freimütig zum Beischlaf an. Philippe Soupault nennt seinen Dada-Mitstreiter nicht ohne Grund einen ›Pornograf ersten Ranges‹, und Robert Desnos erklärt ihn in einem Wortspiel zum ›poète élu des draps‹ – zum ›auserwählten Poeten der Bettlaken‹. Anfang der 1920er-Jahre kommt der

Max Morise, Simone Breton, Paul Éluard,
Joseph Delteil, Gala, Robert Desnos, André Breton und
Max Ernst (vorne), Montmartre 1923

Maler Max Ernst aus Köln nach Paris und zieht bei den Éluards ein. Als es buchstäblich ernst zu werden scheint zwischen Max und Gala, flüchtet der eifersüchtige Paul bis nach Indochina, um der Ménage à trois zu entkommen, in der er sich zunehmend überflüssig fühlt. Gala reist ihm nach, noch einmal wird die Ehe gerettet, doch die heilige Allianz hat einen Sprung bekommen.

Der chronisch angegriffenen Lungen wegen fährt Éluard in den 1920er-Jahren oft allein in die Schweiz, während Gala flüchtigen Affären nachgeht. 1928 führt ihn sein Weg in die Nähe von Davos und Clavadel, nach Arosa. Dort hat der Dichter ein Déja-vu: »Ich muss gestehen«, schreibt er an Gala, »dass die Rückkehr nach Arosa mich nicht allzu traurig stimmt, zumal es keine Rückkehr nach Arosa, sondern ein Zurück zu Dir ist, also zu meiner Liebe. Demzufolge habe ich nur einen Wunsch: Dich sehen, Dich berühren, Dich küssen, Dich streicheln, Dich anbeten, Dich anschauen. Ich liebe Dich, ich liebe Dich allein, Du Schönste, und in allen Frauen erblicke ich immer wieder nur Dich: die ganze Frau, meine ganze, so große, so einfache Liebe.« Ein zweiter Schweiz-Aufenthalt wenig später bringt weitere melancholische Briefe an

»sein liebes kleines Mädchen« hervor: »Ich war allein spazieren auf unserem Weg, der zu den überschwemmten Wiesen führt.« Paul Éluards Sehnsucht nach der Abwesenden wird in der nostalgisch aufgeladenen Berglandschaft immer größer, man einigt sich auf einen gemeinsamen Erholungsaufenthalt in Seelisberg am Vierwaldstädter See: »Denke daran, dass der kleine Balkon sehr nützlich sein wird, wenn man eine Chaiselongue oder einen Liegestuhl auftreiben kann. Thorner sagte, dass Seelisberg sehr schön ist. Für Kranke gibt es da einen sehr guten Lungenspezialisten: Dr. Real in Schwyz.« In Seelisberg quartieren sie sich im Hotel Bellevue ein und treffen dort einen alten Bekannten aus Paris, den Mitstreiter aus dem Kreis der Surrealisten, René Crevel, dessen Lungenleiden auch ihn zu einem rührigen Schweiz-Touristen macht. Diesmal ist er mit seiner Freundin Mopsa Sternheim aus Berlin angereist.

Im August ist Crevel in Luzern, auch dort begegnen sich die beiden Pariser Surrealisten: »Ich gehe jetzt zu Crevel«, schreibt Éluard seiner Frau, »der ein bisschen fantasiert. Und danach mache ich einen Spaziergang. Jeden Tag: GEWITTER.« Auch im Leben der Liebenden von Clavadel stehen die Zeichen auf Sturm.

Eine weitere gemeinsame Reise führt Gala und Paul Éluard im Herbst 1929 ins katalanische Cadaqués. Sie wollen einen jungen, noch kaum bekannten Maler namens Salvador Dalí besuchen, von dessen tabulosen, vor den intimsten sexuellen Fantasien nicht zurückschreckenden Gemälden Éluard geradezu berauscht ist. Er plant eine künstlerische Zusammenarbeit mit dem Künstler, der Träume und im Unbewussten Verborgenes mit meisterlichem Pinselstrich auf die Leinwand bringt. Als Dalí Gala erblickt, wie sie am Strand sitzt, ihm den schmalen Rücken zugewandt, ist er augenblicklich fasziniert, er fühlt sich an mütterliche Geborgenheit erinnert, Gala präsentiert sich ihm in ihrer Pose »wie einst der Rücken meiner Amme.« Der Rest ist Geschichte: Dalí und Gala werden ein Paar.

»Meine schöne Gala, mein herrlicher Schatz aus Fleisch und Geist, ich führe ohne Dich ein recht trauriges Leben. [...] Du bist noch immer das verwirrte Kind von Clavadel«, schreibt Paul im April 1930 aus Paris an Gala. In seinen Briefen an die Entschwundene wird die Sehnsucht nach der ersten Liebe zu einer ständigen Litanei. »Seit siebzehn Jahren liebe ich Dich, und ich bin noch immer 17 Jahre alt.« In Gedanken an Clavadel ist für Paul Éluard die Zeit stehen geblieben. Es trifft ihn mitten ins Herz, als Gala ihm einmal brüsk erklärt, sie wolle nicht länger in der Erinnerung leben, und so redet er in einem Brief auf sie ein: »Für uns ist alles gegenwärtig, *muss* alles gegenwärtig sein, und im Augenblick befinde ich mich ebenso bei Dir in Clavadel, in Versailles, in Bray, in Eaubonne oder in Arosa, wie ich hier bin, *mit Dir, der Abwesenden*, mit meiner großen Sehnsucht nach Dir: Wenn ich mir eine Vergangenheit, eine Gegenwart und eine Zukunft schaffen muss, dann kann ich mich gleich töten.« In Galas Entscheidung für Dalí sieht Paul Éluard einen Verrat. Eigenmächtig kündigt sie ihm den heiligen Pakt fürs Leben, den sie in Clavadel geschlossen haben. Doch Gala hat es satt, nur die Muse des Dichters zu sein; an Dalís Seite sieht sie die Chance, tätig zu werden, als seine Managerin. Noch im Jahre 1930 konnten Texte von Dalí als Buch erscheinen, die Gala eigenhändig in eine lesbare Form gebracht hatte, jene *Femme visible*, die sichtbare Frau, zu der sie an seiner Seite geworden war.

Lange noch wiegt sich Paul Éluard in dem Glauben, Gala werde zu ihm zurückkommen, doch diesmal irrt er. Als sei es möglich, die Uhr zurückzudrehen, hat er für sich und Gala eine neue Wohnung am Montmartre eingerichtet, doch wie bei den Bergreisen, bei denen er die gemeinsam gegangenen Wege jetzt abermals alleine abschreitet, ist auch das ein einsamer, sehnsüchtiger Akt der Beschwörung. Im Februar 1931 schreibt er an Gala: »Ich habe in der Rue Becquerel übernachtet. Dort bin ich Deinem Geist begegnet, dem Geist unseres Lebens, das so voller Tränen und Liebkosungen war, so ganz von Dir erfüllt.« Paul beschwört in seinem Kopf die vergangenen Tage von Clavadel, Gala steht mit beiden Beinen fest in der Gegenwart von Cadaqués. Keine Frage, das Mittelmeerklima und die Liebe zu ihrem Maler, die Wertschätzung, die er für sie hat, sind für Galas Lungen die allerbeste Medizin. 1932 werden die einstigen Liebenden von Clavadel voneinander geschieden, im Jahr darauf heiraten Gala und Dalí im spanischen Konsulat von Paris.

Auch Paul Éluard wird sich neu verlieben, er wird eine neue Partnerin finden, Maria Benz, genannt Nusch, auch er wird erneut heiraten. Doch die Liebe von Clavadel behielt im Leben des Dichters den Stellenwert und die Kraft eines Urerlebnisses; die Erinnerung an die so fernen Tage in der Schweiz bleibt wie ein Notenschlüssel

Gala und Salvador Dalí, 1936,
fotografiert von Man Ray

vor Éluards Werk stehen und gibt den Ton seiner Verse an: Gala wird immer sein »kleiner Gott« bleiben, »das nervöse, reine und pathetische Mädchen, dass Du stets für mich gewesen bist: [...] Ich liebe Dich so sehr, erinnere Dich doch, glaube mir, es war zwar für Dich nicht immer eitel Sonnenschein, aber ich habe Dich immer furchtbar geliebt. Du hast mir alle meine Gedichte eingegeben.« Wieder und wieder kehrt er an den Ort des ersten Mals zurück. »Ich hoffe, dass du meine Karte aus Clavadel bekommen hast«, schreibt er. »Der Ort ist gewachsen, aber was sich nicht verändert hat, das sind die Wege, die Aussicht, der Schnee. Mir kommt es vor, als sei sehr wenig Zeit vergangen. Ich bin wirklich für alle Zeit mit dir verbunden ...« Mit Worten will er das vergangene Leben festhalten, das indessen gnadenlos voranschreitet. Ist der Olymp zu einem Hades für Paul Éluard geworden? Er ist ein Dichter, der aus dem Schreiben heraus lebt, und so lässt ihn der stete Blick zurück nicht erstarren, ganz im Gegenteil, er hält ihn durch seine Poesie am Leben:

»Als Unbekannte liebte ich sie am meisten
Sie, die mich der Sorge enthob, ein Mann
                zu sein,

Und ich sehe sie und verliere sie
                         und ertrage
Meinen Schmerz wie etwas Sonne im
                         eisigen Wasser.«

In seinen Briefen an Gala klagt Paul Éluard
ständig über seine Krankheiten, mal sind es die
Nieren, dann wieder die Lungen, aber vor allem
ist es das Herz, das wehmütig in der Erinnerung
schlägt: »Du bist die Wurzel meines Lebens.«
Das Bild der Gala aus Clavadel ist der Funke,
an dem sich seine Dichtung immer wieder
aufs Neue entzündet, ein Leben lang, all seine
Liebesgedichte sind Gedichte an Gala. Von einem Aufenthalt in Montana schreibt Paul ihr
1946: »Ich kann nicht mehr so lachen wie früher. Aber ich kann dich anlächeln, meine kleine
Gala aller Zeiten, selbst aus der Ferne, selbst in
diesen Bergen, die wir beide so gut kannten.«
    Gala ist für den Dichter Paul Éluard an je-
dem erdenklichen Ort auf der Welt. Mit jedem
Gedicht brach er wieder aufs Neue auf, über die
mit Schnee bedeckten Waldwege von Clavadel.

René Crevel – »halb Erzengel, halb Boxer«,
so Klaus Mann

Besuch im
Wolkenkratzersanatorium

René Crevel trifft Klaus Mann
und Mopsa Sternheim

Das schweizerische Seelisberg, wo Gala und
Paul Éluard 1928 René Crevel und seine Freundin Mopsa Sternheim trafen, war nur eine von
vielen Stationen, wo der junge Schriftsteller
aus Paris Hoffnung auf Besserung seiner angegriffenen Gesundheit suchte. Crevel war erst
fünfundzwanzig, als bei ihm im Jahre 1925
eine Lungentuberkulose diagnostiziert wurde.
Seitdem bereiste er regelmäßig das Schweizer
Hochgebirge. Davos, das er mehrmals besuchte und wo er sich 1935 ein letztes Mal aufhielt,
fand als Schauplatz Eingang in seinen sehr sur-
realen Roman *Êtes-vous fous? – Seid ihr verrückt?* Einmal in Davos angekommen, scheint
es kein Entrinnen mehr von hier oben zu geben.
»Man hatte dich doch gewarnt. Keinen Morgen
während dieser endlosen Tage, die du in der
obersten Etage des Wolkenkratzersanatoriums

verbringen wirst, hat der Mann mit dem spitzigen Schädel, der dir als Pfleger diente, es versäumt, dir zu wiederholen, dass [...], wenn du wolltest, von hier gerechnet einige Monate, ein Jahr, zwei Jahre ... – Was für ein Versprechen, in der Tat, konnte denn dieser unvollendete Satz andeuten? Einige Monate, ein Jahr, zwei Jahre ... ja, aber unter der Bedingung, dass man alles tut, was nötig ist, um die Heilung zu verdienen, fügte die SCHWESTER mit den Wangen aus rotem Wachstuch hinzu.«

René Crevel, am 10. August 1900 in Paris geboren, hatte 1918, gleich nachdem er aus dem Krieg heimgekehrt war, ein Literaturstudium an der Sorbonne aufgenommen. Eigentlich plante er, eine Dissertation über den Aufklärer Denis Diderot zu schreiben, doch spannender war für ihn die Begegnung mit den Dadaisten Tristan Tzara, André Breton, Louis Aragon und Philippe Soupault sowie Paul Éluard und seiner russischen Frau Gala. Die jungen Männer, die mit ihren künstlerischen Mitteln gegen bürgerliche Werte revoltierten, gegen verlogene bürgerliche Moral und blinden Gehorsam, der erst das Blutvergießen des Weltkriegs ermöglicht hatte, die für freie Liebe, Antiklerikalismus und

Pazifismus eine Lanze brachen, sprachen eher seine Sprache als die Professoren an der Universität. Die Männer um André Breton wiederum waren hellauf begeistert von der Radikalität und Kompromisslosigkeit, mit der René Crevel seine Ansichten zum Ausdruck brachte. Der Furor entzündete sich an Crevels Herkunft aus bourgeoisen Verhältnissen. Sein Vater hatte sich 1914 das Leben genommen, was die Mutter hartnäckig mit Lügen zu ummänteln versuchte, mit denen auch der Sohn leben musste. Der Tod von eigener Hand war – erst recht im katholischen Frankreich – ein absolutes Tabuthema. Hass auf die bürgerliche Fassade und auf die Verlogenheit der Religion saß bei René Crevel seit diesem Familiendrama besonders tief. Schon aus Protest trug er schreiend bunte Anzüge und »verbrachte seine Tage mit Amerikanern, Deutschen, Russen und Chinesen, weil seine Mutter alle Ausländer für kriminelle oder pathologische Subjekte hielt.« Er trank unmäßig, am liebsten Hochprozentiges, und lästerte ungeniert über Frankreich, den Katholizismus und seinen Vater, vor allem, um die bigotte Mutter zu brüskieren, an der er kein gutes Haar ließ. Das Psychodrama in seinem 1924 erschienenen Romanerstling *Détours – Umwege* endet im

Selbstmord beider Eltern des Helden Daniel. In seinem Roman *La mort difficile – Der schwierige Tod*, der 1926 erschien, lässt er einen jungen Kunststudenten, Pierre, an der Hassliebe zu seiner Mutter zugrunde gehen; die Enttäuschung über einen untreuen Liebhaber, die auch eine gute Freundin nicht abfangen kann, bringt ihn endgültig aus der Fassung. Damit sind in diesem Roman die prägenden Themen in René Crevels Leben angeschlagen: Protest gegen bürgerliche Werte, seine Homosexualität und das Lob der Freundschaft.

Im Frühjahr 1926 begegnete René Crevel in Paris erstmals Klaus Mann. »Wie gegenwärtig sind mir die Nachmittagsstunden, die langen Abende, die wir zusammen verbrachten! Ich wohnte in einem kleinen Hotel nicht weit von der École Militaire«, erinnerte sich Klaus Mann. »Er trat in mein Zimmer, ließ den Überzieher achtlos auf einen Stuhl, auf den Fußboden fallen; sein Entrée war immer stürmisch und atemlos, als käme er mit furchtbaren Neuigkeiten oder auf der Flucht oder von großer Freude bewegt. Dann setzte er sich wohl auf mein Bett und fing hurtig an, mir vorzulesen. Junger Dichter in grauen Flanellhosen und blauem Hemd mit rostroter Krawatte auf einem Hotelbett sitzend, den Kopf über das Manuskript geneigt: so bewahre ich mir sein Bild.«

Klaus Mann war geradezu betört von dem, was er hörte. Das Manuskript, aus dem ihm vorgelesen wurde, *Der schwierige Tod*, war für ihn nicht weniger als ein Schlüsselroman seiner eigenen Generation. In Crevels Protagonist Pierre erkennt er zudem seinen eigenen Helden Andreas aus *Der fromme Tanz* wieder. Mehr noch, in René Crevel, für Klaus Mann »halb Erzengel, halb Boxer«, glaubt er gar, sein eigenes Spiegelbild zu erblicken. »Ich liebe René Crevel«, bekannte er damals in einem Brief an seine Schwester Erika, am 11. August 1926. »Die Eigenschaften, die er am unerbittlichsten verabscheute, waren gerade jene, die er als typisch für die eigene Klasse empfand – die der Bourgeoisie der Dritten Republik. Kein Laster schien ihm so unverzeihlich wie der Geiz und die selbstzufriedene Beschränktheit, die er dem Milieu seiner Herkunft, den Eltern, Lehrern, Verwandten wütend zum Vorwurf machte.« Zwischen den beiden jungen Männern kam es zu einer kurzen Liebesaffäre. Klaus Mann überhöhte diese Verbindung sogar zu einem Ideal der Völkerverständigung, so kurze Zeit nach dem Kriege war die Liaison zwischen einem Deutschen und einem Franzosen für ihn der Ausdruck einer neuen, Grenzen überwindenden Gesellschaft. Was Diplomaten auf politischer Ebene oder Redner am Pult der Davoser Hochschulkurse voranzubringen versuchten, nämlich die deutsch-französische Freundschaft zu kultivieren, auf dass es nie wieder zu einem Krieg zwischen den ›Erbfeinden‹ käme, sah Klaus Mann als Liebender in die Tat umgesetzt. Gerade dieses Pathos wurde Crevel womöglich zu viel. Er schätzte die Freundschaft des Deutschen, als Liebhaber zog er sich bald wieder zurück.

Als Klaus Mann René Crevel – der gerade eine komplizierte Pneumothorax-Operation über sich hatte ergehen lassen müssen – im Frühsommer 1927 in Davos besuchte, war die Leidenschaft des Franzosen bereits etwas abgekühlt, sehr zum Leidwesen von Klaus, der mit seiner Schwester Erika die Flucht nach vorn antrat: Er ging mit ihr auf Weltreise.

Einer Einladung des Kunstsammlers und Galeristen Alfred Flechtheim folgend, Vorträge über den Surrealismus zu halten, traf René Crevel am 2. Januar 1928 in Berlin ein, der

Erika und Klaus Mann, 1927

brodelnden Stadt, dem Sodom, auf das Klaus ihn neugierig gemacht hatte. Der war zwar weiterhin mit Erika unterwegs, aber Crevel tauchte ein in die Freundeskreise des Abwesenden, in die Welt der Berliner Bohème. Hier in Berlin lernte er eine Freundin von Klaus kennen, Dorothea Sternheim, genannt Mopsa. Sie war fünf Jahre jünger als Crevel und Stieftochter des Dramatikers Carl Sternheim. Sie arbeitete als Bühnenbildnerin am Theater, unternahm zusammen mit Pamela Wedekind, auch sie ein ›Dichterkind‹, Tochter des Dramatikers Frank Wedekind, sowie Klaus und Erika Mann schauspielerische Experimente – in den Fußstapfen der berühmten und übermächtigen Väter inszenierten die jungen Leute das Stück *Anja und Esther*, Mopsa stattete die Kulissen aus.

Mopsa Sternheim zeigte René Crevel Berlin, die vielen Theater rund um die Friedrichstraße, die Varietébühnen und Bars, man kostete das freizügige Nachtleben aus. Crevel nahm Kenntnis vom Institut für Sexualforschung des Doktor Magnus Hirschfeld, der alle Tabuthemen des Sex- und Liebeslebens auf eine wissenschaftliche Ebene hob und Begriffe wie »Transvestiten« und das »dritte Geschlecht« ins Spiel brachte. Der Franzose war ganz hingerissen von Mopsa, einer androgynen Erscheinung – Mopsa wiederum spiegelte sich in dem jungen Franzosen mit der schweren Familienhypothek. Ihre eigene Mutter hatte den Missbrauch durch Mopsas Stiefvater Carl Sternheim billigend in Kauf genommen. René und Mopsa verliebten sich ineinander, schnell war sogar von Heirat die Rede, bevor Crevel im März wieder abreiste. Im Sanatorium war Mopsas regelmäßige Post ihm die liebste Abwechslung: »Deine Briefe sind die größte Freude in meinem Eremitendasein, deswegen schreib' mir einen mit Einzelheiten über den Ball der Bohème.«

Im Juni 1928 schrieb René Crevel aus Paris an Mopsa: »Ich reise in 8 Tagen in die Schweiz, Paul Éluard wird auch da sein. Über die Schweiz, die ich hasse, bin ich nicht so glücklich, aber Éluard und seine Frau sind vollkommen.« Crevel hatte sich fest vorgenommen, während des erneuten Aufenthaltes in den Bergen an einem »großen, starken Roman« zu arbeiten. »Wenn Du ein wenig Geld übrig hast diesen Sommer, komm mich in der Schweiz besuchen, man kann es sich leisten. Auch ich bin arm. In einem Jahr werde ich pleite sein und muss dann arbeiten gehen. Gern wäre ich nach Amerika gefahren, doch der Arzt

»Sie ist unverständlicherweise das bezauberndste
Tierchen in diesem Land der Wiesen,
des Steins und der Seen.«
Crevel über seine Geliebte Mopsa Sternheim

hier sagt, das wäre leichtsinnig. Mopsa, ich widere mich selber an. Mein Leben ist eine einzige Kinderei. Endlich, in 8 Tagen, die Freiheit, die Arbeit.«

Kaum in den Bergen angekommen, verflucht Crevel das Alpenland: »Da bin ich wieder in der Schweiz, es geht so, immer noch kleine Löcher in der Lunge. […] Mops, Mopsa, was für eine Scheiße diese Schweiz? Zum Glück sind Paul Éluard und seine Frau so nett. Ich arbeite.«

Na also. Der »große, starke Roman«, den René Crevel in Seelisberg tatsächlich in Angriff genommen hat, vielleicht inspiriert durch den Besuch von Gala und Paul Éluard aus Paris, heißt *Êtes-vous fous? – Seid ihr verrückt?* Sein Held Vagualame, zu deutsch Seelenweh, lernt das Großstadtleben in Berlin und Paris kennen und gerät als Kurgast nach Davos, in ein Wolkenkratzersanatorium. Seelenweh reist wie sein Autor zur Kur aus Paris ab: »Gute Reise, hatte die Stadt gepfiffen. Anderntags war er in der Schweiz.

Vier Wochen später verkündete der Kalender die Geburt des Frühlings. Wer hätte dies geglaubt? Der Schnee bedeckte hartnäckig alles mit ein und demselben Bleiweiß.

Land, weder Stadt noch Dorf. Ein Bie-

nenkorb mit Kranken. Auf ihren Wabenbal-
konen leben Geschöpfe in einer Stille, einer
Bewegungslosigkeit, dass man glauben kann,
sie haben sogar ihr Schicksal verloren. Aber
nach der Pflichtzeit in den Liegestühlen am
Ende der Vormittage haben wir das Recht auf
eine Grammofonstunde.

Dann drehen und drehen sich die Schall-
platten.

Jeder lässt seine Musik los. Die prahlerischen
Klagen, die Lachsalven in Triolen, die großen
sentimentalen Träumereien verknoten, vermi-
schen sich. [...] Für ihn war in der Stunde der
erzwungenen Ruhe auf dem Wabenbalkon zwischen Wachen und Schlafen die plötzlich hoh-
le Flut der Tannen niemals Symbol für irgendeine wunderbare Vergeltung. Unter den Wogen
von Schatten, die bis zum Behandlungsraum an-
brandeten, konnte nichts aus den Löchern auf-
tauchen, das in Lyrismus und Größe zum kör-
perlichen Verfall komplementär gewesen wäre,
wie es das Grün zum Rot ist.«

Seelenweh, der Name der Hauptfigur, ist
das Stichwort: Die Lehren Sigmund Freuds,
die Psychoanalyse sind auch ein großes Thema
in Thomas Manns *Zauberberg*. Dr. Edhin
Krokowski, Assistent von Hofrat Behrens, hält

im Sanatorium Vorträge über die so genannte Seelenzergliederung, die drohen, ins Mystisch-Esoterische spiritistischer Sitzungen abzuleiten. René Crevel, der durch eine Psychoanalyse Klarheit in sein Leben bringen wollte, hatte bereits 1924 einen Aufsatz veröffentlicht, in dem er sich mit der fortschrittlichen Lehre befasste: *Freud, vom Alchemisten zum Hygieniker.* Die Nähe der Psychoanalyse zum Okkulten kennt der Surrealist. Bei Hypnosesitzungen in Bretons Wohnung, an denen Mitte der 1920er-Jahre auch Paul Éluard und Gala teilnahmen, hatte man versucht, der inneren Stimme poetische Blüten zu entlocken. Nicht nur in seinem Roman beschäftigt ihn die Frage nach dem Befinden der isolierten Kurgäste. Gertrude Stein, deren Salon er bei seinen Aufenthalten in Paris frequentiert, teilt er über Davos mit: »Keine Arbeit, nichts zu trinken, keine Liebe, hier gibt's wirklich keine Versuchung. Nur eine Straße hat es in diesem Dorf, aber sie gleicht dem Golfstrom. Der Egoismus ist der hässlichste Aspekt dieses Lebens, und der Körper ist hier ein Gott, was sag ich, er ist der Gott. Aber nach Tagen, Wochen, Monaten und Jahren des Verzichts begehen diese Männer und Frauen mit ihren kranken Körpern plötzlich die verrücktesten Dinge.

Was hätte Freud wohl zu dieser Stätte des steten Verdrängens gesagt?«

Ist Crevels Roman ein entzauberter *Zauberberg?* Thomas Manns Roman wurde erst 1931 ins Französische übersetzt, doch zweifellos kannte Crevel das Buch, schon durch Klaus Mann, und ohnehin sind die Dialoge in den Liebesszenen zwischen Hans Castorp und Clawdia Chauchat durchgehend auf Französisch geschrieben. Anders als Thomas Mann, dem das Davoser Reizklima lediglich eine leichte Erkältung einbrachte, ging es bei René Crevel aber wirklich um Leben und Tod. Für seinen seelenkranken Vagualame ist die Welt der Kurorte kein wundersamer Quell, aus dem sublime literarische Ideen sprudeln, aus der Not lassen sich nur mit »Operettenoptimismus« Funken schlagen. Seelenweh verabscheut die ganze »Berg- und Sanatoriumsmystik«. Crevels persönliche Version des *Zauberberg* ist niederschmetternd: »Elende Internationale der verfaulten Brustkörbe, Bazillensyndikat, Husten-Freimaurerei, die seit der Romantik Skelettreize zur Schau stellt, Cousinen des gespreizten kleinen Fingers bürgerlicher Prätention, wenn sie ihre Mokkatasse an ihre ekelhaften Lippen hebt.

Die Entkropfte, zum Beispiel, liebt das Fieber und seine Pailletten in den Augen der Kranken, die Glühwürmchen nachts auf dem Rasen gleichen. Im Grunde wünscht sie denen einen kleinen Fieberanfall von 40 Grad [...].

Atme mit ganzer Seele, ganzer Hoffnung, sprich nicht mehr, bewege dich nicht mehr, da im höchsten Stockwerk des Wolkenkratzersanatoriums selbst die Luft zur Würde eines Medikaments avanciert ist.

Und verlasse nicht mehr deinen Liegestuhl, selbst wenn deine Finger eisig werden trotz der Jahreszeit, die sich für eine halbe Woche Sommer nennt.«

Aber René Crevel reißt die Ungeduld immer wieder aus dem Liegestuhl inmitten der schweizerischen Diaspora. »Du zerbrichst dein Thermometer, zerreißt deine Temperaturaufzeichnungen. Du nimmst den Zug nach Paris«. Wenn er an die Surrealisten in Paris denkt, bedrängt ihn die Monotonie, »eingekeilt zwischen diesen kalten Bergen.« In den Lungensanatorien, wo Ärzte über den Tagesablauf der Patienten bestimmten, fühlte René Crevel sich abgeschnitten von der Welt und den Freunden in der Stadt, deren erhitzte Debatte

Man Ray, Hans Arp, Yves Tanguy und André
Breton (obere Reihe). Tristan Tzara, Salvador Dalí,
Paul Éluard, Max Ernst und Rene Crevel,
1930 (untere Reihe)

über das Verhältnis von Kunst und Politik 1928 gerade auf einem Höhepunkt angekommen war. Sollte der Surrealismus sich vollständig dem Kommunismus unterordnen? Oder sollte, so wie André Breton es propagierte, der Künstler unabhängig von jeglicher Parteizugehörigkeit bleiben und auf die verändernde Kraft der Liebe bauen? Crevel will sich einmischen, seiner Ansicht nach braucht es die Internationale des Kommunismus, eine Verbindung der Intellektuellen mit den Proletariern aller Länder. Crevel, so sehr die Wellen der Krankheit auch immer wieder über ihm zusammenschlagen, will gesunden, um zu kämpfen. In einem Artikel, den er für die Zeitschrift der Bewegung, *Le Surréalisme au Service de la Révolution*, schreibt, erklärt er, warum er sich der Krankheit mit aller Macht entgegenstemmt: »Wenn ich mich bemühte, die Tuberkulose, mit der mich die Natur, diese gute Mutter, bedacht hat, auszuheilen, so geschah das ausschließlich zu dem Zweck, um in voller Freiheit und nicht nur aus schlechten Gründen, persönlichen Gründen, gewisse Menschen und Dinge hassen zu können.«

»Wenn er wiederkam, schonte er sich nicht«, schreibt Philippe Soupault über René Crevel, »sondern er sprach sehr viel über seine

Krankheit, die als eine tödliche Drohung über ihm schwebte. Allein sein Lachen war Revolte und Leiden zugleich. Ein tragisches, erschreckendes, unvergessliches Lachen. Er besaß eine außergewöhnliche Leidensfähigkeit.«

Im August 1928 besucht Mopsa René Crevel für zehn Tage in Seelisberg, wo er sich inzwischen wieder aufhält. »Sie ist unverständlicherweise das bezauberndste Tierchen in diesem Land der Wiesen, des Steins und der Seen.« Mopsa verkürzt ihm die Zeit, sie steht ihm treu zur Seite, als wieder ein operativer Eingriff nötig wird. René Crevel macht ihr nun einen ernst gemeinten Heiratsantrag, doch Mopsa, die auch Frauen liebt und noch mehr ihre Unabhängigkeit, kann sich nicht zu einem klaren Ja durchringen. Ende April lehnte sie endgültig ab. Da ist bereits ein anderer Mann im Spiel, Rudolph Carl von Ripper, ein wie Mopsa im Jahre 1905 geborener österreichischer Adliger, Maler und Illustrator, vor allem aber drogensüchtiger Lebemann mit operettenhaft klingender Vita, der auch als Fremdenlegionär in Nordafrika gekämpft hatte. Als Mopsa schwanger ist, weiß sie nicht, ob von ihm oder von Crevel – sie lässt das Kind abtreiben, was Crevel, der an seine Vaterschaft glaubt, sehr verletzt. Doch er liebt Mopsa weiterhin: »Wenn wir beide ein bisschen alleine zusammen leben könnten. Mopsa, alles, was zwischen uns gewesen ist, hat unsere Liebe nicht behindert. Die Zukunft ist nicht einfach, und wir, weder Du noch ich, sind auch nicht einfach. Aber was auch immer kommen mag, wir werden uns lieben.«

Êtes-vous fous? erscheint im April 1929 bei Gallimard in Paris. Der Roman ist mit einer Widmung versehen: »Für Paul und Gala Éluard.« Paul Éluard war es, der den Kontakt zu dem prestigereichen Verlag hergestellt hatte. Mopsa Sternheim tritt im Buch als Yolande in Erscheinung.

Am 15. August 1929 besuchen Mopsa und von Ripper Crevel in Leysin im Kanton Waadt, wo er auch wieder einmal weilt. Dort, in der Nähe des Genfer Sees, kommt es zu einer Ménage à trois, der große blonde Ripper gefällt dem kleinen zarten Crevel. Nun erscheint eine Ehe als Arrangement zu dritt sogar als attraktive Möglichkeit, das lockere Treiben hinter der Fassade von Bürgerlichkeit fortzusetzen. Ripper schickt Crevel sogar Liebesbriefe: »Crecre, ich denke stets an dich – an dich in deinem Bett auf Rollen, wie du durchs Fenster auf die Berge schaust und durchs Tal in die Öffnung, die zu uns führt. [...] Du – ich – Mops, ein geschlossener Kreis. Alles dreht sich zwischen uns. Crecre, ich liebe und küsse dich. Carl.« Die Hochzeit findet am 17. Dezember 1929 in Berlin statt, Trauzeugen sind der von Mopsa lange begehrte Gottfried Benn und Paul Éluards derzeitige Geliebte Alice Apfel. Vorm Standesbeamten neben Mopsa steht allerdings nicht Crevel, sondern Ripper. Noch scheint Crevel mit der Situation einverstanden: »... *du bist die einzige Frau für mich*, und die Hoffnung auf unser Dreieck hilft mir auf.« Er schildert Mopsa einen Traum: »Wir drei waren in Strezza, und wir drei hatten nur eine einzige Lunge. Dennoch konnten wir gut atmen und waren glücklich. Wir waren ohne Körper, nur ein kleines Dreieck aus Brustkorb, das genügte unserer Wollust.« In Wirklichkeit ist der Traum für Crevel längst ein Alptraum aus Eifersucht und Verzweiflung. Die antibürgerlichen Liebeskonzepte zerbrechen am Alleinanspruch von Gefühlen, die nicht teilen wollen – ähnlich wie in der Liebesgeschichte von Gala und Paul Éluard. Ende November nimmt Crevel per Brief Abschied aus Mopsas Leben. Die verlässlichste Begleiterin ist und bleibt die

Tuberkulose: »Die Krankheit ist für mich wie ein Mutterleib.«

Obwohl die Höhenluft das Voranschreiten der Tuberkulose nicht aufhalten kann, kehrt René Crevel dennoch häufig in die Schweiz zurück. Auch im neuen Jahrzehnt pendelt er beständig zwischen Paris und verschiedenen Luftkurorten sowie zwischen zwei Identitäten hin und her, einer aktiven und einer zur Passivität verdammten. »Zwischen den beiden, zwischen meinem Körper und mir hin- und herpendelnd, ist das Schreiben die Fähre und bei keinem der beiden zu Hause ...«

1932 ist Crevel in der Pension Stolzenfels zu Gast sowie im Parksanatorium Davos, vormals war dies die 1889 übrigens als erste Kuranstalt am Ort eröffnete Pension Turban, wo 1901 schon Christian Morgenstern Heilung seiner Lungen suchte. An »Paulo« – ist es Éluard? – schreibt René Crevel: »Von meinem Balkon in Davos lasse ich die Zeit keusch, weiß und erholsam dahinfließen.« Weil die Tuberkulose nicht weichen will, hat man ihm geraten, ein ganzes Jahr zu bleiben. Er lese, aber arbeite nicht, ihn plage ein Taubheitsgefühl im rechten Arm infolge einer Lymphangitis.

Ernst Ludwig Kirchner: *Selbstbildnis*, 1925

In jener Zeit Anfang der 1930er-Jahre entsteht ein Porträt von Crevel, der Ernst Ludwig Kirchner in seinem Wildbodenhaus besucht. Kirchner hält ihn im Holzschnitt fest, »die fantastische Gestaltung eines Menschenkopfes, der nur eine Halluzination zu sein scheint.« Kirchner, der 1912 einen Holzschnitt von Alfred Döblin angefertigt und 1929 auch Hans Arp porträtiert hatte, schrieb am 21. November 1933 an den Chefarzt des Davoser Parksanatoriums Frédéric Bauer: »Eben sah ich Crevel wieder, er ist für länger hergekommen, ich freue mich, dass wir dadurch etwas Pariser Luft hier bekommen.« Seit dem 1. November 1933 hält Crevel sich in der Pension Rychner in Davos-Platz auf: »Das Zimmer ist weiß und malvefarben, draußen ein schweizerisches Allerheiligen mit Schneematsch, grauem Himmel, etc. Nun, die Kulisse stört mich nicht. Am Nachmittag werde ich den Doktor aufsuchen, um mit ihm über eine salzlose Kur zu sprechen. Mein erster Brief (abgestumpft durch die Schweiz) soll für Dich sein«, schreibt er an Mopsa – inzwischen im Pariser Exil –, mit der er sich ausgesöhnt hat. »Kein Schnee in Davos, aber Nazis«, stellt er bitter fest. Mit Kirchner, dem aus Aschaffenburg stammenden Maler, wird er sich über Deutschland unterhalten haben; es gab keine Illusionen darüber, dass das in den Augen der Nationalsozialisten »entartete« Werk des Expressionisten keine Zukunft mehr im Heimatland haben würde, dabei hatte Kirchner die Künstlervereinigung ›Brücke‹ ja gerade gegründet, um eine Kunst zu pflegen, die in Deutschland gewachsen war. Im August 1934 ist René Crevel erneut in Davos-Platz, im Kurhaus Merula: »Ich denke an Deutschland. Was mich da unten in München erschreckt, das sind die vielen Frauen, die Hitler anhängen und auch demnach aussehen. In den Museen, den Straßenbahnen, überall, sie sind schrecklich, diese Walküren.« Seinen Brief illustriert Crevel mit einer kleinen Zeichnung, eine grimmig dreinblickende bezopfte Frau mit einer Hakenkreuzbinde am Arm. Immerhin hat man ihm diesmal Hoffnungen gemacht, dass die Tuberkulose besiegt ist.

Es bleibt nicht bei kritischen Nazi-Karikaturen in privaten Briefen. Als Crevel im März 1935 von seinem letzten Aufenthalt in Davos nach Paris zurückkommt, nimmt er an öffentlichen Protestaktionen gegen Hitler teil und verfasst einen flammenden Aufsatz mit dem Titel *Die kulturelle Situation in Deutschland*. Die Surrealistengruppe ist mittlerweile an der Frage zerbrochen, ob man sich den Kommunisten anschließen soll oder nicht. Crevel sieht die Notwendigkeit, im Kampf gegen den Faschismus alle Kräfte zu bündeln. Er drängt auf die Einigung von Surrealisten und Kommunisten, will durchsetzen, dass surrealistische Schriftsteller auf dem im Juni 1935 im großen Theatersaal der Pariser ›Mutualité‹ anstehenden Kongress zur Verteidigung der Kultur zu Worte kommen. Doch André Breton hat dem Schriftsteller Ilja Ehrenburg – Mitglied der sowjetischen Delegation – auf offener Straße eine schallende Ohrfeige verpasst, weil der sich abfällig über die Surrealisten geäußert haben soll. Ehrenburg verlangt nun, Breton das Rederecht zu entziehen. Crevel versucht zu vermitteln, Bretons Rede wird schließlich von Éluard verlesen, allerdings erst nach Mitternacht, als sich der Saal zu leeren beginnt und man die Lichter löscht.

An jenem Abend ist René Crevel schon nicht mehr dabei. »Das Bett, Fieberschiff, ist gekentert.« Der Arzt in Davos hatte ihm falsche Versprechungen gemacht, denn die Tuberkulose hatte jetzt sogar auch noch seine Nieren angegriffen. Crevel, todkrank und ohne Hoffnung, erschüttert durch die politischen Ereignisse in

Europa, enttäuscht über die Uneinigkeit der Intellektuellen in Paris und ohne Halt bei einem liebenden Gegenüber, hat sich am 18. Juni 1935 vierunddreißigjährig das Leben genommen; wie die Vaterfigur in seinem ersten Roman hat er in seiner Wohnung den Gashahn aufgedreht.

»Aber Herr Lungen macht es nicht mehr lange«, hieß es in *Seid ihr verrückt?* »Sein Herz schlägt ganz verkehrt. Brustfellentzündung – ein rechter Name für ein Schwurgericht, liebe Leute – vergiftet ihn Tropfen um Tropfen. Sie wird ihn mit Haut und Haaren haben. [...] Er wird vielleicht zwischen den Eisenstangen dieses Thorax sterben. Hört, wie er hustet. Ich ziehe Schwanengesang vor ...

Tatsächlich hat der Vogel so heisere Capriccios von sich gegeben, dass der Mann Angst bekommen hat. Er hat ihn in die oberste Etage eines Wolkenkratzersanatoriums gebracht.«

Klaus Mann setzte dem geliebten Freund in seinem Lebensbericht *Der Wendepunkt* ein Denkmal: »So wuchs sein Tod in ihm, sein schwieriger Tod. Er wuchs im Innersten seines psychischen und organischen Seins, einer mörderischen Frucht gleich, die reifen will; und wenn sie reif ist und weich, bricht sie auf, um mit dem Erguss ihres purpurnen Saftes das zarte Herz, das sie genährt, zu überschwemmen und zu vernichten. [...] ›Er war der Beste‹, sagte Mopsa immer wieder. ›Er war der Beste von allen.‹ Kummer und Hitze wirkten zusammen, die Tusche auf ihren Augenwimpern zum Zerfließen zu bringen. Das schwarze Zeug rann ihr in kleinen Bächen über die Wangen. Es war, als ob sie schwarze Tränen weinte um den lieben Freund.«

Morgenrot! Klabund! Die Tage dämmern!
Der Dichter Klabund, alias Alfred Henschke

Im Takt des Bazillenwalzers

Klabunds Leitstern Irene

Im Frühjahr 1927 geht Klaus Mann mit einem anderen Freund in Davos spazieren, man spricht über Paris, und Klaus kann kaum glauben, dass der Freund noch nie in der Stadt an der Seine gewesen ist. Es ist Klabund, ein weiterer schreibender Dauergast in Davos. Der Künstlername des Schriftstellers liest sich wie ein Amalgam aus den Wörtern ›Klabautermann‹ und ›Vagabund‹. Alfred Henschke, wie er eigentlich hieß, geboren am 4. November 1890 im Städtchen Crossen an der Oder, heute das polnische Krosno Odrzanskie, trat 1913 mit einem Gedichtband in Erscheinung: *Morgenrot! Klabund! Die Tage dämmern!* Die abgründig-frechen Vaganten-Verse stehen in der Tradition des berühmt-berüchtigten François Villon, literarisch verwandte Zeitgenossen waren Frank Wedekind, Christian Morgenstern, Joachim Ringelnatz. Seine freimütigen, balladesken Gedichte wurden bereits ein Jahr zuvor in der Zeitschrift *Pan* veröffentlicht – ein Prozess wegen angeblicher Verbreitung unzüchtiger Schriften folgte auf dem Fuße. In Abwesenheit wurde Klabund zu 50 Reichsmark Strafe verurteilt. Zu jener Zeit verkehrte Klabund in der Münchner Künstlerkneipe Simplicissimus und trat dort auch auf, neben der Dada-Künstlerin Emmy Ball-Hennings. »Vor dem Krieg war es. Wir waren alle noch so jung, schritten aufrecht, lachten leicht, dachten schwer. [...] Wir schwelten nicht, wir brannten, wir liefen nicht, wir rannten.«

Als Klabund sich 1914 als Kriegsfreiwilliger meldete, wurde er aus gesundheitlichen Gründen abgewiesen und war enttäuscht. Wie sein Freund, der Dadaist Hugo Ball, wie etliche junge Männer, glaubte er noch an die reinigende Kraft des Krieges. Grund für die Ausmusterung des schmächtigen Jünglings war ein zäher, beständiger Husten, der ihn schon längere Zeit belästigt und zu Erholungsaufenthalten am Genfer See oder in Bad Reichenhall gezwungen hatte. Die niederschmetternde Diagnose lautete schließlich: Lungentuberkulose. Während der Erste Weltkrieg immer mehr Opfer forderte, begnügte sich der verhinderte Kämpfer mit Nachdichtungen chinesischer Kriegslyrik.

Er lancierte einige patriotische Artikel in verschiedenen Zeitschriften und schrieb einen Soldatenroman, *Moreau*.

Die erste Reise nach Davos trat der Dichter im Februar 1916 an. Oben in den Schweizer Bergen veränderte sich seine Perspektive aufs Kriegsgeschehen grundlegend. Was fern von ihm unten im Tal geschah, erschien ihm längst nicht mehr als notwendiger Kampf fürs Vaterland, dieser Krieg war bei Weitem keine sittliche Reinigung, sondern sinnloses Blutvergießen. Von Davos aus fuhr Klabund auch nach Zürich, er besuchte dort das im Februar 1916 von Hugo und Emmy Ball neu eröffnete Cabaret Voltaire in der Spiegelgasse, das zu einer Schaltzentrale der Dada-Künstler wurde. Zu den Gästen gehörten Kriegsflüchtlinge und Exilanten, lauter Einflüsse, unter denen Klabund sich zum glühenden Pazifisten wandelte. Sein Schlachtfeld war ohnehin nicht die Front an der Somme, er kämpfte den Kampf gegen die fortschreitende Krankheit und verschrieb sich selbst die beste Therapie: das Schreiben.

Die Pension Stolzenfels am Davoser Höhenweg wurde zu Klabunds zweitem Zuhause. »Ich scheine es mit der Pension sehr gut getroffen zu haben. Südzimmer mit eigener Liegehalle. Ganze Pension (5! Mahlzeiten: Mittag und Abend große Dinge) nur 8,50 den Tag. Und das Essen vortrefflich. Über die Menschen wage ich noch nichts zu sagen. Sonst ist bedeutender Betrieb hier. Viel ›Welt‹. Engländer, Griechen, Franzosen, Italiener, Deutsche, Amerikaner, Russen, alles durch- und übereinander. Dazu Fleisch jeden Tag. Sonntag Schlagrahm. Kurz: der zurzeit nur irgend lieferbare ›Friede‹«. Mit den Wirtsleuten, dem Ehepaar Poeschel, entstand im Laufe der Jahre eine Freundschaft. Der studierte Jurist Erwin Poeschel, den die Krankheit selbst aus seiner Allgäuer Heimat hierher verschlagen hatte, war äußerst bibliophil und interessiert an der Kunstgeschichte des Kantons Graubünden; in dem regelmäßig wiederkehrenden dichtenden Gast fand er einen Gesprächspartner. In der Erzählung *Die Krankheit*, an der Klabund im Februar und März 1916 schrieb, setzte er seinen Gastgebern als »Pneumo und Thorax« ein literarisches Denkmal.

Wolkenkratzersanatorien auch hier: »Davos lag in der Abenddämmerung wie eine amerikanische Stadt am Rande der Rocky Mountains ... am Rande der Welt ... Wie improvisiert,

»Davos ist Vineta, die verzauberte Stadt.«
Die Pension Stolzenfels, Klabunds Stammsitz in Davos

zum Abbruch jederzeit bereit, waren die großen Sanatorien und Hotels mit ihren funkelnden Liegehallen da und dort kreuz und quer im Tal und an den Berglehnen errichtet. Obgleich sie selten über vier Stockwerke zählten, schienen sie mit den himmelauf kletternden Lichtern der Liegehallen Wolkenkratzer.« Davos war ein Grenzort zwischen Krankheit und der Hoffnung auf Genesung und beflügelte Klabunds Arbeit. Mondän und morbide zugleich, lüstern und labil, zwischen diesen entgegengesetzten Polen ließen sich Metaphern und literarische Bilder aufspannen. »Früher ist doch hier überall Meer gewesen«, sinniert der Held von Klabunds Erzählung *Die Krankheit*. »Eigentlich wandeln wir auf dem Grund des Meeres. Davos ist Vineta, die verzauberte Stadt. Wir sind längst ertrunken, aber wir wandeln noch, als lebten wir, mit Perlen und goldenen Ketten behängt, über dem Meergrund.«

Klabund spart bei aller Poesie jedoch nicht mit Kritik an der medizinischen Praxis, die er in Davos erlebt: »… die Ärzte sind noch weit zurück mit ihrer Wissenschaft. Statt zu versuchen, individuell den Kranken zu heilen, wollen sie immer generell und schematisch die Krankheit heilen. Eine Krankheit ist aber stets ein theoretischer Begriff und wie Geld nur von relativer Gültigkeit. Wirklich ist nur der Kranke. Sein Fleisch und Blut. Das von den Medizinern nicht weniger als von den Juristen und den Philologen mit Paragrafen dirigiert werden will.«

Meistens schrieb Klabund im Liegen und an der frischen Luft, ein wärmendes Plaid über den Knien. *Die Krankheit* ist ein *Zauberberg*, aber *en miniature*. Man begegnet in Klabunds Erzählung auch dem ›blauen Heinrich‹, ein Doktor »hielt ein blaues Speiglas, auf dem eine sonderbare Tabelle angebracht war, gegen das Licht. ›Zehn Kubikzentimeter Auswurf‹, lächelte er, von irgendeiner inneren Fröhlichkeit betroffen.« Dasselbe Inventar, dieselben liebessehnsüchtigen, vom Hauch des Todes angewehten Sanatoriumsgäste wie im *Zauberberg*. Klabund alias Sylvester begegnet allen: »… ernste Deutsche, flüchtige Italiener, behäbige Holländer, zwitschernde Brasilianer, duftende Französinnen, dunkle Russen wandelten im gleichmäßig getragenen Kurschritt des Kranken über die Promenade.« Im Wissen um die Vergänglichkeit pfeifen sie auf die Moral. Eine sterbenskranke Patientin in Klabunds Erzählung erhebt trotzig Anspruch auf einen Kuss, es könnte die letzte Gelegenheit sein. In

Worten eines anderen Dichters, Gottfried Benn, der wie Klabund das Friedrichs-Gymnasium in Frankfurt an der Oder besucht hatte: Sie will »noch einmal vor Vergängnis blüh'n«. Todgeweihte folgen schamlos ihrem Trieb. Was kümmert sie noch unbescholtener Ruf und Konvention? Das versunkene Davos hoch in den Bergen ist außerdem letztes Reservat für Menschen, die unten im Tal lebensuntüchtig wären, so wie das selbsternannte Allroundgenie Alfons Pein aus Klabunds Erzählung: »Pein hatte eine vorzügliche Kur gemacht und war eigentlich schon seit fünf Jahren gesund. Er hätte, ohne Schaden an seiner fanatisch behüteten neu errungenen Gesundheit zu nehmen, ins Tiefland zurückkehren können. Aber er fühlte wohl, dass er nur hier oben noch eine Rolle spielte, wo er, von den Kurgästen interessiert beobachtet, von den Kellnerinnen belächelt, im Kurhauscafé an seinem Stammplatz Hunderte von kleinen blauen Oktavheftchen mit schlechten Versen und verwirrter Prosa versah. ›Ich bin nun mal an Höhenluft gewöhnt‹, schnaubte er und in seine Augen trat ein leerer, kindlicher Glanz.« Klabunds Erzählung führte mit dadaistisch anmutenden Einladungen und Ankündigungen die Lustbarkeiten, die den Kurgästen geboten wurden, ins Absurde. Mit Galgenhumor annoncierte er den »Bazillenwalzer« ebenso wie die »Temperaturenpolka« und den »Fiebertango mit Tangofieber«, ein Sackhüpfen, dessen Gewinner als ersten Preis ein Thermometer erhält, einen Chor, der den »allgemeinen Rippenresektionsgesang« anstimmt. Zugelassen sind bei diesem Wettstreit ausschließlich jene Damen und Herren, bei denen auch wirklich Tuberkelbazillen nachgewiesen wurden, mit denen der Eintritt zu diesem Spektakel bezahlt werden soll.

Klabunds Erzählung drohte wegen der kritischen Töne dasselbe Schicksal wie später Thomas Manns *Zauberberg*: Im August 1916, noch vor der Veröffentlichung von *Die Krankheit*, äußerte Klabund gegenüber seinem Wirt Poeschel die Befürchtung, das laienhafte und hysterische Publikum von Davos könne die Beziehungen zwischen Stoff und Dichtung, Literatur und Leben nicht richtig lesen. »Man wird beides verwechseln. Nun: ich sehe den Davoser Folgen gefasst entgegen.«

Die Krankheit erschien 1917 mit einer Widmung für eine Freundin, Sybil Smolowa, Stummfilmschauspielerin aus Prag und in der Erzählung als die Figur Sybil Lindquist gestaltet. Auch der berühmte Professor Dr. Jessen aus dem

»Fiebertango mit Tangofieber ...«

Waldsanatorium hat einen Auftritt als Professor Ronken. Auf dem Titelblatt zu sehen war eine dick eingemummelte Wintergesellschaft im Schnee, unter einer Mütze schaut ein Totenschädel hervor. Wahrlich keine ermutigende Werbung für eine Kur in Davos!

Carpe diem, nicht nur auf dem Papier: Der jungenhafte, schlanke und stets gut gekleidete Dichter mit dem kahl geschorenen Schädel und der melancholischen Stimme war sich seiner Wirkung auf Frauen durchaus bewusst. Klabund verriet einem Freund ein flüchtiges Abenteuer: »Ich habe fünf glücklichunglückliche Tage hier in Zürich verlebt mit einer Davoser Freundin.« Leichtsinnige Abenteuer werden sofort mit Erschöpfung bestraft: »Ich bin wieder ein wenig elend. Alle paar Tage krieche ich mal ins Bett. Da sind aber auch die ... Frauenzimmer dran schuld.«

Eine zarte blonde Patientin, Mitbewohnerin der Pension Stolzenfels, war Klabund besonders aufgefallen: Brunhilde Heberle, am 18. Oktober 1896 in Passau geboren, angehende Pianistin, am liebsten spielte sie Chopin. Sie litt an Kehlkopftuberkulose, die ihre brüchige Stimme zeitweilig gänzlich zum Verstummen brachte. Wie Gala und Paul verständigten sich die beiden Pensionsgäste bald am liebsten in Versen, von einem Zimmer zum anderen wanderten Notizen, Bonmots und Gedichtzeilen auf kleinen Zettelchen. Brunhilde Heberle hatte selbst zwar keine literarischen Ambitionen, aber sie wurde Klabund zur Inspiration seiner Gedichte: 1917 erschien der Band *Irene oder Die Gesinnung*, und 1918 *Die kleinen Verse für Irene*, gedruckt in einer Auflage von fünfzig Exemplaren.

»Es war November. Draußen stob der Föhn.
Das Lob der Heimat schien dich zu beglücken.
Wir mussten näher aneinanderrücken,
Um Donau, Inn und Oberhaus zu sehn.
Und unsre Wangen streifen sich und wehn.
Blut klopft an Blut. Wir sehn in unsren Blicken
Erfüllung glänzen, lächeln, jubeln, nicken.
Und Lippe sank auf Lippe engelschön.
Nicht suchte Hand nach Hand. Es klang
                                    kein Wort.
Die Uhr im Zimmer tickte unverdrossen.
Und unsre Herzen schlugen fort und fort
Wie Wellen, die ins große Meer geflossen.
Du standest auf. Das Buch lag noch am Ort.
Leis hast du hinter dir die Tür geschlossen.«

Noch immer herrschte Krieg. Der nicht zuletzt durch seine neue Liebe zum glühenden Pazifisten gewendete Klabund lancierte am 3. Juni 1917 in der *Neuen Zürcher Zeitung* mutig einen offenen Brief, in dem er Kaiser Wilhelm II. dazu aufforderte, im Namen des Friedens endlich abzudanken. Das war ein Paukenschlag. Klabund, ein Vaterlandsverräter? In Brunhildes Heimatstadt Passau herrschte helle Aufregung. Die dort erscheinende *Donau-Zeitung* schrieb über den »deutschen Drückeberger in der Schweiz« und vom »Treiben eines Deserteurs, der verwandtschaftliche Beziehungen in unsere Stadt hinein hat.« Auch Irene, alias Brunhilde, war irritiert. Sollte der Dichter, der um ihre Hand anhielt, nun den Titel seines Gedichtbandes ändern, damit die Heberles nicht in Verbindung mit dem Fahnenflüchtigen gebracht würden? Auch in Davos hatte er sich mit dem offenen Brief an Seine Majestät keine Freunde gemacht. Mal wieder in Zürich, schrieb Klabund an Brunhilde Heberle in Davos: »Wie sehr man mich aber in Davos verkennt: ein maßloser Ekel und eine unerschütterliche Verachtung der Menschen hat sich immer mehr in mir eingefressen. Dass sie es fertig gebracht haben – unwissend ja auch Deine Eltern, die ich sehr verehre – uns zu trennen, so zu trennen, dass Herzblut zwischen uns fließt wie zwischen zwei Kämpfern, die wir doch Liebende waren – das verzeihe ich der Welt nie und nimmer. Dass Leute wie Poeschels ich unter meinen Feinden sehe, die ich einmal für mutig genug hielt, für mich einzustehen. Ach, pfui Teufel. Und dass man mit einem gebrochenen Eheversprechen hausieren geht – Irene, Du weißt den ersten Abend unserer Liebe noch – wir siezten uns noch und ich sprach: Ich habe Sie lieb. Aber ich will Sie nicht verführen. Ich mache Ihnen kein Eheversprechen. Ich frage Sie, frank und frei, und bitte Sie, frank und frei zu antworten: wollen Sie mein werden? – So sprach ich. Und Du hobst den schönen Kopf und sagtest einfach: Ja. Das hat mich damals erschüttert. – Soll uns alles verdreckt werden? – Wären nicht so sonderbare Zustände in Basel geschaffen bei der Familie Romang, die ebenfalls zu Konflikten kamen: ich würde Dir jetzt anbieten: vieles und alles. So kann ich es nicht und bitte, flehe Dich an: heraus aus Stolzenfels in eine ruhige Pension.«

Die Wogen hatten sich geglättet. Klabund und Brunhilde Heberle heirateten am 8. Juni 1918 in Locarno-Monti. An den Freund Walter Heinrich schrieb der frisch verheiratete Ehemann: »Ich habe mich verheiratet: mit einer Frau, die ganz Tier, ganz Kind, ganz Schmetterling ist, wie jene Wesen, die uns umgeben ...«

»Irene« hatte sich trotz ihrer labilen Verfassung sehnlichst ein Kind gewünscht. Bereits am 17. Oktober 1918 kam Brunhilde in Locarno mit einem Mädchen nieder, Irene Fiete Anny, ein Siebenmonatskind. Klabund meldete den Heberles in Passau: »Irene plötzlich operiert und mit gesunder kleiner Irene erwacht Befinden ausgezeichnet.« Doch in Wirklichkeit war die Kaiserschnittgeburt nicht ohne Komplikationen verlaufen. Irene musste in der Klinik bleiben, sie fieberte und kam nicht zu Kräften. »Ich habe in der Nähe des Hospitals in einem kleinen Hotel ein Zimmer gemietet und bin immer bei ihr«, informierte Klabund den Schwiegervater. »Du musst überzeugt sein, dass ich alles tue, um ihre Lage zu erleichtern und ihr Herz zu erhellen. Ich halte es aber unbedingt für geboten, wenn ihre gute Mutter sofort herkommt: schon des Kindes wegen. Ich will über meinen Zustand keine leeren Worte verlieren. Du wirst selber fühlen, wie es Dir ums Herz ist; und so auch mir. Gegen das Schicksal sind wir machtlos. Möge es uns gnädigst gesinnt sein!«

»Ich frage Sie, frank und frei, und bitte Sie, frank und frei zu antworten: wollen Sie mein werden?« Klabund und seine erste Frau Brunhilde Heberle

Das Stoßgebet wurde nicht erhört. Die Ärzte kämpften bis zum Schluss ums Leben der zarten Brunhilde. Sie starb am 30. Oktober, vier Monate darauf, am 17. Februar 1919, folgte ihr das Kind in den Tod.

Da war der Krieg endlich aus, der Kaiser hatte am 28. November 1918 tatsächlich abgedankt, eigentlich Grund zum Aufatmen, aber der vom Schicksal so hart getroffene Klabund stürzte in eine tiefe Depression und mied die Öffentlichkeit, ließ sich bei niemandem blicken. 1923 erkundigte sich Hugo Ball bei Hermann Hesse: »Was ist wohl aus Klabund geworden? Ich freute mich sehr mit Ihren Grüßen, schrieb ihm auch gleich, aber ich hörte nun nichts mehr von ihm. Hoffentlich ist er nicht so krank, dass ihn dies am Schreiben verhindert. Dann mags gut sein.« Nicht nur die eigene Krankheit zehrte an ihm. Klabund plagten tiefe Schuldgefühle, er prangerte sich an, Frau und Kind auf dem Gewissen zu haben. Er klagte sich seiner Untreue an, seiner Wollust, seines Jähzorns, die sie ins Grab gebracht hätten.

»Ich war dein Tod. Ich habe dich gemordet.
Schuld bin ich, dass das Chaos wie ein Krater
Aufbricht und Feuer speit. Ich bin der Vater

Der Anarchie, die rot uns überbordet.
Ich war dein Tod. Ich habe dich gemordet.
Vergebens warnte mich der brave Pater,
Ich schändete dich, dolorosa mater ...
Ich habe dich mit meinem Kind gemordet.
Die Herrschaft, die du mit der Lilie übtest,
Ich stürzte sie im Fieber meiner Kaste.
Du lächeltest. Du segnetest. Du liebtest.
Ich blickte finster. Drohte. Fluchte. Hasste.
Und während du das Gold vom Staube
                                        siebtest,
Lief ich zur Wollust, grölte, soff und prasste.«

Die 1920er-Jahre waren angebrochen, »Irene«
lebte für Klabund als »Leitstern über seiner
Dichtung« fort, seine Lebensgeister schienen
wieder erwacht zu sein, vor allem in den Bergen.
Davos erschien zwar in *Die Krankheit* als ver-
wunschener, irrealer Ort, wo der Tod regierte.
Doch blickte Klabund nun nach Berlin, über die
Grenze in das von Arbeitslosigkeit, Inflation und
den Kinderkrankheiten einer jungen Demokratie
gebeutelte Deutschland, wo Kommunisten de-
monstrierten und Nationalsozialisten aufmar-
schierten, fiel ein ganz anderes, lebhafteres
Licht auf den Schweizer Kurort. An Hermann
Hesse schrieb Klabund am 13. November

1923, in Davos sei noch Leben, »Da-Sein, Wahrhaftigkeit. Drüben ist alles irreal, fantastisch wie in mittelalterlichen Höllenbildern.«

»Ich gehe hier eifrig meiner Kur nach«, schrieb Klabund einem Freund, diesmal aus Bad Reichenhall, »(wenn nur die Mädchen nicht wären! Die verderben einem die ganze Diät): Inhalationen, Luft- und Solebäder, Massage, Trink-, Liegekur von früh sieben (es ist scheußlich früh) bis abends neun.« Die Ärzte ermahnten ihn immer wieder: Ein ruhigerer, stetiger Lebenswandel könnte die Krankheit vielleicht zum Stillstand bringen. Doch gerade ein maßvoller Lebenswandel war Klabunds Sache nicht. Er stürzte sich wieder in Affären. Trieb sich wieder in Künstlerkneipen herum, wo er neue Inspiration für seine Bänkelverse fand. »Leben, leben und zum dritten Male: leben. Das ist die Hauptsache.« Was Klabunds »spezifischen und einzigartigen Reiz ausmachte«, so Klaus Mann, »war eben seine Krankheit, oder vielmehr: sein unnatürlich intensiver, überspannter Lebenswille, der ständig, unaufhörlich über diese Krankheit triumphierte. [...] Die Energie, mit der er sich am Leben erhielt, hatte etwas Knabenhaftes, Elastisches, Übersteigertes. Übrigens auch die Bitterkeit, mit der er das Leben verhöhnte, an das er sich mit allen Kräften klammerte. So schimpfen Knaben über die Welt, nur weil sie sie zu maßlos lieben. – Klabund, der oft recht pessimistisch schien, war im Grunde seines Wesens glühender Optimist, unbedingter Jasager.«

Im Sommer 1924 kam es zur folgenreichen Begegnung zwischen Klabund und einer dreiundzwanzigjährigen Schauspielerin, die emsig an ihrer Karriere arbeitete. Sie hatte sich 1920 entschieden, ihr Leben nicht als kleine Bankangestellte zu fristen, und wollte hoch hinaus, auf die Theaterbühne. Ein Zufall führte Klabund, so will es die Legende, in einer Münchner Straßenbahnlinie mit Carola Neher zusammen. Bald hatte Klaus Mann Grund, sich Sorgen um Klabund zu machen: »Mit Carola Neher ihn zu beobachten war beinahe beunruhigend, so sehr liebte er sie. Ich vergesse nie den werbenden, gedämpften, zarten Ton, den seine Stimme, sprach er zu ihr, hatte. Ich weiß noch, dass ich mit den beiden zusammen war in einer kleinen Münchner Bar, die Neher hatte vorher irgendeine Posse gespielt. Sie war kapriziös und mochte nicht essen; ich sehe Klabund, als sei es heute, wie er sich zu ihr neigte und besorgt scherzte: ›Ich als dein Manager muss unbedingt darauf bestehen, dass du eine Kleinigkeit nimmst.‹ Ich glaube, sie bestellte trotzdem nichts.«

Anfang Mai 1925 feierte das Paar Hochzeit im Breslauer Sanatorium Friederici, wo Carola Neher sich von den Folgen einer schweren Blutvergiftung erholte; Klabund hatte um das Leben auch seiner zweiten Frau bangen müssen. Am 13. Mai 1925 kündigte sie Frau Poeschel in Davos den baldigen Besuch an: »Sehen Sie doch zu, dass wir die beiden oberen Zimmer bekommen, wir sind doch so gerne allein.« In der Pension Stolzenfels hatte man Klabund die Majestätsbeleidigung längst verziehen, das Kaiserreich war Schnee von gestern. Die Schauspielerin genoss die Atempause in den Bergen, bevor sie sich wieder auf die Bühnenbretter begab, ein Engagement in Breslau, wo sie die Heilige Johanna spielte. Klabund begleitete sie zuweilen, aber für ihn war Breslau das »Bollwerk des Ostens«, er hielt es für einen »feuchten, unfreundlichen Ort im preußischen Sibirien«, wirklich nichts für angegriffene Lungen. Carola Neher war ein aufgehender Stern in der Weimarer Republik, auch in Klabunds *Kreidekreis* hatte sie gespielt. Ein großer Karriereschritt war die Zusammenarbeit mit Bertolt Brecht in Berlin ab dem Jahr 1926. Wann immer er konnte, begleitete Klabund seine Frau bei Theatergastspielen im Land. Trotz der Anstrengung pendelte er zwischen Davos und Berlin hin und her, wo sie sich eine Wohnung genommen hatte, oszillierte zwischen verordneter Ruhe im Liegestuhl und großstädtischem Treiben. »Klabund [...] möchte kommen«, schrieb Emmy Ball-Hennings in einem Brief an Hermann Hesse, »aber er hat eine Frau, und das ist nicht einfach. Er aber ist ein ganz wunderbarer lieber Mensch, wir haben gesprochen miteinander.«

Anfang 1927 stieg Klabund wieder in der Pension Stolzenfels ab, wo Klaus Mann ihn besuchte. »Gewiss möchte ich immer um sie sein, aber ich wohne nicht mit ihr, seitdem ich so krank bin ... Ich kann doch nicht plakatieren: Ja, ich bin Carolas Gatte, aber ich habe mich dazu gebracht, mich physisch fern, sehr fern von ihr aufzuhalten. Je länger, je unerwartet länger ich lebe, desto mehr bin ich mit ihr vermählt, aber zwischen meinem Davos und ihrem Berlin liegen Hunderte von Kilometern, und diese Distanz wird größer, wenn es mich nach Berlin reißt ...« Zwischen ihm und Carola Neher kam

»Mit Carola Neher ihn zu beobachten war
beinahe beunruhigend, so sehr liebte er sie.«
Klaus Mann

es zu Zerreißproben. Hier Aufstreben, dort Niedergang, das passte nicht zusammen in einem harmonischen Lebensrhythmus. Während Klabund also immer wieder nach Davos zurückkehrte und wieder unter einem Plaid im Liegestuhl schrieb, lernte Carola Neher Autofahren und kurvte durch Berlins Straßen. Ihr Mann sah das aus der Ferne mit gemischten Gefühlen: »Sie fährt jetzt jeden Tag wie irrsinnig in Berlin herum – natürlich im tollsten Verkehr, Friedrichstraße, Alexander-, Potsdamer Platz. Sie will sich ein Auto kaufen und damit nach Wien fahren! Sicher wird sie mich in einer Eifersuchtsszene absichtlich gegen einen Baum fahren. Mein Leben ruht künftig wirklich ausschließlich in Gottes Hand.«

Im Oktober 1927 musste Klabund seinen Vermietern, »Pneumo und Thorax« aus der Pension Stolzenfels, einen bereits angekündigten Besuch wieder absagen. Zwar müsse er dringend bald wieder zur Erholung in die Berge, doch er sei derzeit nicht reisefähig. » ... es scheint, dass mein Versuch, nach Davos zu kommen, mit Geißeln und Ruten an mir gerächt werden soll. Nachdem ich Ihnen telegrafiert hatte, das ich am 30. kommen wollte, bekam ich am 26. eine Blutung, die allerdings so aussah, dass ich am 2. hätte fahren können. Vorgestern bin ich schon wieder ganz munter – da bekam ich in der Nacht plötzlich eine zweite Blutung, die aber weniger nett aussah als die erste.«

Mit Klabunds Gesundheit ging es unerwartet jäh bergab, die Schwindsucht galoppierte. Mit einer akuten Lungenentzündung fuhr er, kaum reisefähig, wieder nach Davos. Über Europa lag eine Hitzewelle, er erhoffte sich ein wenig Entlastung in der kühlen Höhenluft. Außerstande, die lange Reise alleine anzutreten, begleitete ihn anstelle der beschäftigten Ehefrau eine Krankenschwester. »Ich würde am liebsten mitkommen«, schrieb Carola Neher, die sich schon auf die anstehenden Proben zu Brechts *Dreigroschenoper* freute, in der sie die Polly Peachum spielen sollte, an die Gastgeberin Frau Poeschel, »aber es ist gut für ihn, wenn er eine Zeit lang allein ist und lebt, wie er will, und ohne mich, denn diese Ehe ist für ihn sicher ebenso anstrengend gewesen als für mich, nur sagt er es nicht. Ich werde ihn dann nach einiger Zeit besuchen.«

Carola Neher verfasste diese Nachricht, vielleicht ganz unabsichtlich, bereits in der Vergangenheitsform: Am Morgen des 14. August 1928 erlag Alfred Henschke alias Klabund mit nur achtunddreißig Jahren in Davos seinem Leiden. Vierzehn Tage zuvor hatte er, das Schlimmste vorausahnend, noch seine Eltern alarmiert, ob sie Zeit hätten zu kommen. Eine solche Bitte war ungewöhnlich, und die Henschkes machten sich sogleich auf den weiten Weg aus der Mark Brandenburg in die Schweiz. Als sie ankamen, war ihr Sohn gerade verstorben. Doch Carola Neher war in der Sterbestunde bei ihrem Mann. Zu Brechts großem Ärger hatte sie die Proben zur *Dreigroschenoper* abgebrochen und war in höchster Eile zu Klabund gereist.

Der Leichnam des Dichters wurde in Davos eingeäschert und die Urne in seinen Heimatort Crossen überführt. »Er, dessen Asche in dieser Urne ruht«, sprach Gottfried Benn bei der Begräbnisfeier auf dem Bergfriedhof, »hatte das Fragwürdige und das Vage des Gesandten. Keine Sicherheit, keine Beweisbarkeit der Existenz.« Beweisbar und existent sind seine Gedichte und Geschichten, viele davon entstanden in seiner zweiten Heimat Davos, Verse wie diese, über ein *Sanatorium*:

»Die Spatzen singen und der Westwind schreit
Sacht umarmend rollt der Regen seine Spule.

Der weiße Himmel blendet wie verbleit,
Verrostet krümmt er sich im Liegestuhle.

Auf der Veranda. Neben ihm zwei Huren
Aus der Gesellschaft, syphilitisch eitel
Sie streichen zärtlich seinen Schuppenscheitel
Und sprechen von Chinin und Liegekuren.

In ihren grau verhängten Blicken duckt er
Der Morphiumteufel hinter Irismasche.
Er hüstelt, hustet, und zuweilen spuckt er
Den gelben Auswurf in die blaue Flasche.

Sie schenken ihm freundschaftlich Angebinde
Als er zum ersten Male in den Garten stieg,
Je eine Liebesnacht – als drüben in der Linde
Der Kuckuck einmal rief (für alle drei) –

                                    und schwieg.«

Klaus Mann veröffentlichte einen Nachruf auf
den Dichter, *Klabund ist tot*: »Seine heisere und
reduzierte Stimme hatte, wenn sie vom Podium
sprach, unvergessliche Intensität; freilich war
sie überspannt, wie eine Saite, die bald reißen
muss. [...] Damals ging ich viel mit ihm spazieren in Davos. [...] Damals erzählte er mir
auch zufällig, dass er noch niemals in Paris

gewesen sei, worüber ich mitleidiges Erstaunen zeigte. Er versicherte mir, er plane die Reise für die nächsten Wochen, habe sie schon lange geplant, und nun, da es ihm besser ginge, hindere ihn nichts mehr. –

Es ist doch nicht mehr zu dieser Reise gekommen.

Wenn etwas zu Tränen rühren kann, dann sind es solche Erinnerungen.«

Literatur

Buchholz, Kai u.a. (Hg.): Die Lebensreform. Entwürfe zur Neugestaltung von Leben und Kunst um 1900. Verlag Häusser, Darmstadt, 2001.

Buot, François: René Crevel. Grasset, Paris, 1991.

Carassou, Michel: René Crevel. Fayard, Paris, 1989.

Crevel, René: Lettres à Mopsa. Hg. von Michel Carassou. Éditions Paris-Méditerranée, Paris, 1997.

Crevel, René: Mein Körper und ich. Europa-Verlag, Wien u. Zürich, 1992.

Crevel, René: Umwege. zero sharp, Berlin, 2019.

Crevel, René: Seid ihr verrückt? Suhrkamp, Frankfurt/Main, 1991.

Crevel, René: Der schwierige Tod. Suhrkamp, Frankfurt/Main, 1991.

Devésa, Jean-Michel (Hg.): René Crevel ou l'Esprit contre la Raison. Actes du colloque international Bordeaux, 2000. (Cahiers du Centre de Recherche sur le Surréalisme, Nr. XXII: Mélusine)

Dreyfus, Pierre (Hg.): Paul Éluard: Liebesbriefe an Gala. dtv, München, 1990.

Dülmen, Richard van (Hg.): Erfindung des Menschen. Schöpfungsträume und Körperbilder 1500–2000. Böhlau, Wien, Köln u. Weimar, 1998.

Éluard, Paul: Poésies 1913–1926. Gallimard, Paris, 1968.

Gateau, Jean-Charles: Paul Éluard ou Le frère voyant. 1895–1952. Laffont, Paris, 1988.

Halter, Ernst (Hg.): Davos. Profil eines Phänomens. Offizin, Zürich, 1994.

Heisserer, Dirk: Thomas Manns Zauberberg. Einstieg, Etappen, Ausblick. Königshausen & Neumann, Würzburg, 2006.

Heller, Erich: Thomas Mann. Der ironische Deutsche. Suhrkamp, Frankfurt/Main, 1976.

Hess, Daniel: Europa auf Kur. Ernst Ludwig Kirchner, Thomas Mann und der Mythos Davos. Begleitband zur Ausstellung im Germanischen Nationalmuseum. Abtei Verlag, Nürnberg, 2021.

Item, Franco, Ueli Maurer u.a.: Davos – zwischen Bergzauber und Zauberberg. Kurort, Sportort, Kongress- und Forschungsplatz, 1865–2015. Verlag Neue Zürcher Zeitung, Zürich, 2015.

Jean, Raymond: Éluard. Seuil, Paris, 1968.

Kaulla, Guido von: Brennendes Herz Klabund. Legende und Wirklichkeit. Claassen Verlag, Zürich und Stuttgart, 1971.

Lee, Hyuan Ae: »Aber ich stelle doch nochmals einen neuen Kirchner auf«. Ernst Ludwig Kirchners Davoser Spätwerk. Waxmann, Münster, 2008. (Internationale Hochschulschriften, Bd. 513)

Lühe, Irmela von der: Erika Mann. Eine Biographie. Campus, Frankfurt/Main, 1993.

Mann, Katia: Meine ungeschriebenen Memoiren. Fischer, Frankfurt/Main, 1976.

Mann, Klaus: Der Wendepunkt. Ein Lebensbericht. Rowohlt, Reinbek, 1981.

Mann, Klaus: Die neuen Eltern. Aufsätze, Reden, Kritiken 1924–1933. Rowohlt, Reinbek, 1992. Darin: ›Klabund ist tot‹, S. 179–182.

Mann, Thomas: ›Tristan‹. In: Erzählungen. Band 1. Fischer, Frankfurt/Main, 1975.

Mann, Thomas: Der Zauberberg. Fischer, Frankfurt/Main, 1967. Darin: ›Einführung in den Zauberberg für Studenten der Universität Princeton‹ (1939), S. V–XIV.

Mayer, Hans: Thomas Mann. Suhrkamp, Frankfurt/Main, 1984.

Mc Girk, Tim: Gala. Dalís skandalöse Muse. Rowohlt, Reinbek, 1991.

Mendelssohn, Peter de: Nachbemerkungen zu Thomas Mann. Band 1. Fischer, Frankfurt/Main, 1982.

Naumann, Uwe (Hg.): Die Kinder der Manns. Ein Familienalbum. Rowohlt, Reinbek, 2005.

Pierre, José: Recherchen im Reich der Sinne. Die zwölf Gespräche der Surrealisten über Sexualität. C. H. Beck, München, 1993.

Pringsheim, Hedwig: Tagebücher. Band 5. 1911–1916. Hg. u. kommentiert von Cristina Herbst. Wallstein, Göttingen, 2016.

Raabe, Paul: Klabund in Davos. Texte, Bilder, Materialien. Arche, Zürich, 1990.

Reetz, Bärbel: Emmy Ball-Hennings. Leben im Vielleicht. Suhrkamp, Frankfurt/Main, 2001.

Reetz, Bärbel (Hg.): Hermann Hesse. Briefwechsel 1921–1927 mit Hugo Ball und Emmy Ball-Hennings. Suhrkamp, Frankfurt/Main, 2003.

Rieder, Ines: Mopsa Sternheim. Ein Leben am Abgrund. Zaglossus, Wien, 2016.

Schwarberg, Günther: Es war einmal ein Zauberberg. Eine Reportage aus der Welt des deutschen Zauberers Thomas Mann. Rasch und Röhring, Hamburg, 1996.

Sontag, Susan: Krankheit als Metapher. Fischer, Frankfurt/Main, 2003.

Soupault, Philippe: Mémoires de l'Oubli. 1923–1926. Lachenal & Ritter, Paris, 1986.

Strohmeyr, Armin: Dichterkinder. Liebe, Verrat und Drama – der Kreis um Klaus und Erika Mann. Piper, München, 2020.

Valette, Robert D.: Album Éluard. Tchou Éditeur, Paris, 1967.

Wanner, Kurt: Der Himmel schon südlich, die Luft aber frisch. Schriftsteller, Maler, Musiker und ihre Zeit in Graubünden 1800–1950. Verlag Bündner Monatsblatt, o. A., 1993.

Wegner, Mathias: Klabund und Carola Neher. Rowohlt Berlin, Berlin, 1996.

www.blog.muenchner-stadtbibliothek.de

www.europa-auf-kur.gnm.de

www.klabund.eu

www.monacensia-digital.de

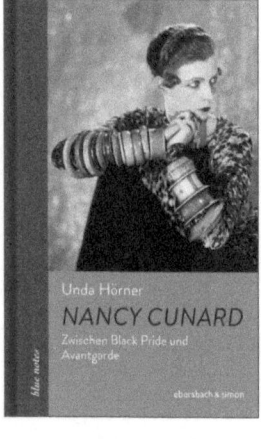

Unda Hörner

Nancy Cunard

Zwischen Black Pride und Avantgarde

blue notes 92, 144 Seiten
Halbleinen, Fadenheftung
ISBN 978-3-86915-226-4

Ein facettenreiches Porträt der Verlegerin, Millionen-
erbin und Ikone der 1920er-Jahre Nancy Cunard: Sie
war befreundet mit Janet Flanner und Pablo Neruda, verkehrte mit den Surrealisten, mit Louis Aragon verband
sie zeitweise eine turbulente Liaison. In ihrem Verlag *The
Hours Press* erschienen u. a. Texte von T. S. Eliot und
Samuel Beckett. Gemeinsam mit ihrem zeitweiligen Le-
bensgefährten, dem afroamerikanischen Jazz-Pianisten
Henry Crowder, trieb sie ihr Herzensprojekt, die Harlem
Renaissance-Anthologie *Negro*, voran. Mit ihrem leiden-
schaftlichen Einsatz für Minderheiten und Menschen-
rechte war sie eine Lichtgestalt der Avantgarde und Vor-
reiterin von *Black Lives Matter*.

– www.ebersbach-simon.de –

Unda Hörner
Am Horizont der Meere
Gala Dalí
Roman, 304 Seiten
gebunden mit Schutzumschlag
ISBN 978-3-86915-189-2

1912 begegnet die junge Helena Diakonova aus Moskau, genannt Gala, bei einer Kur in Davos dem angehenden Dichter Paul Éluard aus Paris. Sie folgt dem Geliebten mitten in den Kriegswirren an die Seine, sie heiraten und bekommen eine Tochter. Doch schon bald zieht es Gala in die Bohème-Kreise, sie wird zur Muse der Surrealisten. Als 1929 der junge Salvador Dalí in ihr Leben tritt, beschließt sie, alles hinter sich zu lassen, um bei ihm zu bleiben ... Unda Hörner zeichnet ein spannendes Porträt der legendären Muse der Surrealisten, die alle Fesseln sprengt, um sich ein eigenständiges Leben zu erkämpfen, und vermittelt zugleich ein farbiges Bild der Pariser Avantgarde in den 1920er- und 1930er-Jahren.

Unda Hörner

Ohne Frauen geht es nicht

Kurt Tucholsky und
die Liebe

blue notes 66, 144 Seiten
Halbleinen, Fadenheftung
ISBN 978-3-86915-137-3

Zwölf kenntnisreiche Porträts der wichtigsten Frauen im Leben Kurt Tucholskys – darunter Diven und Diseusen wie Trude Hesterberg und Claire Waldoff, die Schriftstellerinnen Vicki Baum, Irmgard Keun und Gabriele Tergit sowie Gefährtinnen, Geliebte und gute Geister wie Else Weil, Mary Gerold und Lisa Matthias. Tucholskys wechselhafte Beziehungen zu diesen außergewöhnlichen Frauen sind ein Spiegel ihrer Zeit.

– www.ebersbach-simon.de –

Unda Hörner
Auf nach Hiddensee!
Die Bohème macht Urlaub
blue notes 17, 128 Seiten
Halbleinen, Fadenheftung
ISBN 978-3-934703-60-5

Keine andere deutsche Insel war ein so starker Magnet für Freiheitssuchende und -liebende wie Hiddensee. Der Großstadt entflohen, versammelte sich hier die Bohème, um ihre Ideale in die Tat umzusetzen, darunter Albert Einstein, Asta Nielsen, Joachim Ringelnatz, Mascha Kaléko und die Crème der Berliner Cinéasten. Der unbestrittene ›König der Insel‹ aber war Gerhart Hauptmann: Er beherbergte unter anderem Thomas Mann und Familie. Nach 1933 war es schlagartig vorbei mit dem Idyll an der Ostsee – doch gleich nach 1945 erwachte die Insel als Künstlerdomizil zu neuem Leben.

Unda Hörner

1919 – Das Jahr der Frauen

256 Seiten
gebunden mit Schutzumschlag
ISBN 978-3-86915-169-4

1919 dürfen Frauen in Deutschland erstmals wählen und machen sich auf allen Gebieten daran, ihr Leben selbst zu gestalten: Käthe Kollwitz wird als erste Frau in die Akademie der Künste berufen, Marie Juchacz hält als Erste eine Rede im Parlament. Während Rosa Luxemburg in Berlin ihren Einsatz für die politische Neuordnung mit dem Leben bezahlt, öffnet in Paris Marie Curies Radiuminstitut seine Pforten und Sylvia Beach gründet Shakespeare & Company. Unda Hörner lädt ein zu einer faszinierenden Zeitreise ins Jahr 1919, in dem auf einmal alles möglich scheint für die Frauen.

– www.ebersbach-simon.de –

Unda Hörner

1929 – Frauen im Jahr Babylon

256 Seiten
gebunden mit Schutzumschlag
ISBN 978-3-86915-213-4

1929 – die wilden Zwanziger entfalten noch einmal ihre volle Blüte, es ist ein letzter Tanz auf dem Vulkan. Unda Hörner begleitet die ›Neuen Frauen‹ durchs Jahr Babylon und verwebt ihre Lebenswege und die historischen Ereignisse zu einer atmosphärisch dichten Erzählung, fesselnd wie ein Roman. In zwölf Monatskapiteln entfaltet sie ein breit gefächertes Panorama weiblicher Kulturgeschichte – auf den Spuren von Vicki Baum, Louise Brooks, Marlene Dietrich, Edith Jacobsohn, Lotte Lenya, Erika Mann, Marlene Poelzig, Gabriele Tergit, Helene Weigel und anderen legendären Zeitgenossinnen.

3., vollständig überarbeitete Auflage 2022
© ebersbach & simon, Berlin
Alle Rechte vorbehalten

Umschlaggestaltung: Lisa Neuhalfen, moretypes, Berlin
Cover: © getty images/Hulton Archives
Satz: Birgit Cirksena · Satzfein, Berlin
Druck und Bindung: GGP Media GmbH, Pößneck
Printed in Germany
ISBN 978-3-86915-257-8

www.ebersbach-simon.de

Gedruckt auf Papier aus nachhaltiger Forstwirtschaft
Printed in Germany

Davos gegen da